⊙ 山东省自然科学基金（ZR2023QG044）

⊙ 山东省自然科学基金（ZR2023QG032）

⊙ 山东省高等学校哲学社会科学研究项目（2024ZSMS312）

⊙ 烟台市社会科学规划研究项目（YTSK2025-135）

⊙ 山东工商学院特色研究项目（2023TSXM012）

基于实物期权的众创平台投资决策研究

孙向彦 ／ 著

RESEARCH ON
INVESTMENT DECISION–MAKING OF
CROWDSOURCING PLATFORMS BASED ON
REAL OPTIONS

经济管理出版社
ECONOMY & MANAGEMENT PUBLISHING HOUSE

图书在版编目（CIP）数据

基于实物期权的众创平台投资决策研究 / 孙向彦著.

北京 ：经济管理出版社，2025. -- ISBN 978-7-5243

-0208-7

Ⅰ. F830. 91

中国国家版本馆 CIP 数据核字第 2025NA9996 号

组稿编辑：赵天宇

责任编辑：赵天宇

责任印制：许　艳

责任校对：王淑卿

出版发行：经济管理出版社

　　　　　（北京市海淀区北蜂窝 8 号中雅大厦 A 座 11 层　100038）

网　　　址：www. E-mp. com. cn

电　　　话：（010）51915602

印　　　刷：唐山玺诚印务有限公司

经　　　销：新华书店

开　　　本：720mm×1000mm/16

印　　　张：12. 75

字　　　数：195 千字

版　　　次：2025 年 5 月第 1 版　　2025 年 5 月第 1 次印刷

书　　　号：ISBN 978-7-5243-0208-7

定　　　价：88. 00 元

前　言

与以往金融信贷体系不同，众创空间是一个整合了投资方资源、融资方资源以及项目孵化功能的集合体。众创空间为富有创造力的个人、群体以及中小型企业提供了生长的沃土。众创平台的优势在于可以将充裕的资金引入到最优质的创业企业中，因此创业企业可以得到资金、技术服务和社会网络拓展等方面的全方位服务，大大提高了成功的可能性。同时，众创平台可以获得入驻企业的优先投资期权，这是以往金融信贷体系中投资机构所不具备的。但是，众创平台现阶段的发展仍然存在一些问题，如对创业企业的投资退出时机与多阶段投资决策问题，众创空间框架下的众创平台、风险投资机构及创业企业间的道德风险问题等。因此，本书试图在众创空间框架下利用实物期权方法、委托代理理论和道德风险规制理论，研究众创平台投资决策策略和众创空间中存在的道德风险规制问题，谋求众创平台的可持续发展。

首先，本书基于众创平台决策者投资过程中可能存在的过度自信行为及投资过程中创业企业收益流的不确定性，将过度自信理论引入平台决策者对创业企业两阶段投资实物期权决策模型，研究了一次性投资与两阶段投资间的差异，讨论了创业企业收益流带有随机布朗运动及泊松跳跃情境下的过度自信水平、便利收益指数等指标对平台决策者各阶段投资时机选择的影响。其次，基于众创平台投资决策过程中存在的过度乐观行为，将过度自信理论引入到风投、众创平台和创业企业的三边道德风险规制模型，分析了众创平台过度自信水平对各方收益的影响，以及对风投、众创平台和创业企业道德风险的影响机理，探讨了违约补偿机制对三边道德风险的规制作用。最后，基于创业企业成长的不确定性，将收益共享机制和投资沉没成本引入众创平台实物期权退出时机决策模型，利用动态规划求解，分析了收益共享机制和投资沉没成本对众创平台最优期权的影响机理。在创业企业期权价值增值的基础上，探讨了实现众创平台投资期权最优化的合理性。

目　录

1 绪论

1.1 研究背景

在"互联网+"经济时代的浪潮中，全球经济的格局和商业环境正经历着一场前所未有的深刻变革。这种变革的力量不仅颠覆了传统的商业模式，还催生了一系列全新的创业生态和创业模式。在这个充满机遇与挑战的历史背景下，众创空间作为一种创新型、以用户为中心、专业化、开放式的集体创新模式，迅速在全球范围内崭露头角，成为创业投资领域的一股不可忽视的新生力量。

众创空间也被称作 Maker space，它为创业者提供了一个将抽象创意转化为具体现实产品的实验场所。这个空间不仅是物理层面的存在，更是一个集资源共享、知识交流、合作创新于一体的综合性平台。在这里，创业者可以享受从创意构思到产品原型制作，再到市场推广的全流程服务。众创空间以其独特的魅力，吸引了众多创业者和投资者的目光。众创空间的核心在于其开放性和包容性。它打破了传统创业的界限，让不同行业、不同背景的人们能够在这里相遇、交流、合作，共同推动创新的发生。在这个平台，创业者可以接触到最前沿的技术，可以与行业专家面对面交流，可以找到志同道合的合作伙伴，还可以获得资金、市场、政策等多方面的支持。众创空间的兴起不仅为创业者提供了实现梦想的舞台，也为传统产业的转型升级提供了新的动力。它通过搭建一个高效、便捷的创新网络，促进了技术、资金、人才等创新要素的流动和配置，加速了科技成果的转化，为经济增长注入了新的活力。在这个充满创新精神的众创空间里，无数创业梦想得以孵化，无数创新项目得以落地，无数创业故事正在上演。众创空间已经成为推动社会进步和经济发展的新引擎，它的未来发展潜力巨大，值得我们持续关注和深入研究。

在这个充满活力的平台上，无数怀揣梦想的创业者和他们的创新项目得到了宝贵的孵化与成长机会。他们在激烈的市场竞争中不断磨砺，如同砺石中的宝剑，逐渐锋利；在创业投资的惊涛骇浪中勇敢前行，如同破浪的帆船，展现出惊人的生命力和创造力。众创空间的兴起不仅标志着创业文化在全球范围内的广泛普及和深入发展，也为创业精神的传播和培育提供了肥沃的土壤。随着众创空间模式的不断推广和普及，一系列知名的创业孵化平台如雨后春笋般涌现，其中包括 Y Combinator、Fab Lab、TechShop、C-base、Station F 等国际知名品牌。这些平台不仅为创业者提供了物理空间、硬件设施和技术支持，而且通过建立导师制度、提供网络资源、组织投资对接会等一系列增值服务，极大地提高了创业项目的存活率和成功率。以 Y Combinator 为例，作为全球最著名的创业孵化器之一，它以其独特的孵化模式和实践经验，成功孵化了包括Dropbox、Airbnb、Heroku 等多家世界级知名企业。这些企业的成功不仅是对众创空间模式可行性和有效性的有力证明，也充分展示了众创空间在推动经济发展、促进技术创新和加速产业升级方面的巨大潜力。众创空间的模式打破了传统的创业壁垒，为创业者提供了更加平等、开放的创新环境。在这里，创业者可以更加专注于产品开发和市场探索，而不用担心资源不足或信息闭塞。众创空间的存在，使创业变得更加高效和可及，也为全球范围内的创新生态系统的构建贡献了重要力量。随着时间的推移，我们可以预见，众创空间将继续在全球范围内发挥其独特的作用，为更多创业者实现梦想，为经济发展注入新的活力。

据统计，Y Combinator 孵化出的企业总价值已经超过 80 亿美元，这一令人瞩目的数字充分体现了众创空间在促进创业投资和科技创新方面的强大推动力。众创空间的兴起和发展，不仅为创业者提供了实现梦想的舞台，也为全球经济的增长和技术的进步注入了新活力。在这个充满机遇和挑战的时代，众创空间将继续扮演着推动社会进步和经济发展的重要角色。

众创空间的迅速崛起，不仅为那些怀揣梦想、充满激情的创业者搭建了一个展现才华和实现理想的广阔舞台，也为那些寻求高回报的投资者开辟了一条新的财富增长路径。更为重要的是，它为全球经济的持续增长和创新发展注入了源源不断的新动力。在这个以开放性、创新性和合作为主要特征的时代，众创空间正日益成为推动创业生态持续优化和迭代升级的关键力量，它的存在和发展对于促进社会进步和经济增长具有不可估量的价值。众创空间，这个充满活力的创新创业模式，其根源可追溯至德国的"黑客空间"（Hacker Spaces），随后在 2010 年传入中国，最初以"创客空间"的名号亮相。在那个时期，全球范围内已经建立起超过 1000 家此类创新空间，它们成为创新者的聚集地，创业者的摇篮。在中国，有六七家创客空间分布在经济发展水平较高的地区，如北京、深圳、杭州和上海等地。这些创客空间不仅为创业者提供了一个物理空间，更是一个思想交流、资源共享、创意实现的平台，它们为中国的创新创业氛围奠定了坚实的基础。

在这些创客空间的推动下，中国的创新创业生态得到了快速的发展。创业者们在这里碰撞出思维的火花，共享资源，将创意转化为现实，不仅推动了新技术、新产品、新业态的诞生，也为传统产业的转型升级提供了新的思路和方法。随着政策的支持和市场的认可，众创空间在中国如雨后春笋般增长，成为推动中国经济高质量发展的重要力量。众创空间的发展，不仅体现了中国创新创业活力的释放，也展示了中国在新时代背景下，积极参与全球创新网络，推动构建开放型世界经济的大国担当。未来，随着众创空间模式的不断成熟和完善，它将继续在促进就业、激发市场活力、推动技术创新等方面发挥更重要的作用，为全球经济的可持续发展贡献中国智慧和中国方案。

根据科技部的统计数据，2014 年，中国众创空间的发展势头令人瞩目，仅在北京，国家级创客空间就已经超过 50 家，吸引了 9000 多家企业入驻，这一数据不仅展示了众创空间在中国的蓬勃发展，也映射出它在推动创新创业方面的重要作用。时至今日，中国的众创空间发展已经颇具规模，涌现出了中关村创业大街、京西创业公社、优客工厂等一系列知名的众创空间。在经济发展进入新常态、人口红利逐渐减弱的大背景下，投资型众创空间，亦即众创平台（Crowd Innovation Platform，CIP），凭借其先进的硬件设施、全面的创业服务以及与风险投资的紧密融合，成为推动创新创业发展的关键增长点，也被视为众创空间未来的发展方向。众创平台受到了地方政府、风险投资企业、创客和创业企业等各方的热烈追捧。这些平台不仅汇聚了大量的政府引导基金、风险投资基金、天使基金等资本资源，还吸引了阿里巴巴、京东等大型互联网公司的积极参与，为传统生产型企业的转型升级提供了新思路和新途径。众创平台的兴起，不仅为创业者提供了更多的机会和资源，也为整个经济体系带来了新的活力。

随着众创空间的快速发展，众多优质企业得以在这些平台孵化、成长和壮大，许多优秀的创新创意得以转化为现实生产力。例如，海尔的"海创汇"平台，已经汇聚了 1300 余家风险投资机构，管理的创投资金超过 120 亿元，平台上年收入过亿元的小微企业超过 100 家。这些数据和案例充分展示了众创空间在促进企业成长、推动技术创新和实现经济转型中的重要作用。它们正成为新时代下创新创业的重要载体和加速器，为中国的经济发展注入了新的活力和动力。众创空间的蓬勃发展，不仅体现在数量的增长方面，更体现在质量的提升方面。这些空间为创业者提供了从资金支持、技术指导到市场推广、法律咨询等全方位的服务，极大地降低了创业门槛，提高了创业成功率。在众创空间的支持下，一批批具有创新精神和创业激情的创业者在这里实现了梦想，一批批具有市场竞争力的创新企业在这里崛起，为中国经济的转型升级提供了强有力的支撑。未来，随着众创空间模式的不断优化和创新，它将继续在推动中国创新创业事业中发挥更加重要的作用。

当前，众创空间的发展势头虽然令人瞩目，但其背后所面临的问题和挑战同样不容忽视。在这些挑战中，最为严峻的问题之一便是多数众创空间的发展受到了生产环节的严重威胁。在众多众创平台中，有很大一部分仅依靠出租办公空间、提供基础的咨询服务和设备租赁等传统服务维持运营，这种单一的盈利模式在很大程度上限制了它们的发展潜力，并使这些众创空间面临着资金链断裂的巨大风险。上海情报服务平台发布的数据为我们揭示了一个不容忽视的问题：在受访的众创空间中，有高达52%的众创空间表示，资金短缺是制约它们发展的最大障碍。这一数据反映出，众创空间在资金筹集和盈利模式上存在着明显的短板，如果不加以解决，将会严重影响到众创空间的健康发展和可持续性。2017年11月，一个令人震惊的消息在创业界传开：曾经成功孵化出Embrace、Lumio等知名项目的创客空间TechShop宣布破产。这不仅仅是一个个体案例的失败，更是对整个众创空间行业的一次警醒。深入分析TechShop破产的原因，我们可以发现，其根本问题在于未能及时实现从传统创客空间向众创平台的转型。在市场竞争日益激烈的环境下，TechShop未能获得充足的风险投资支持，仅依靠会员费和政府补贴的运营模式难以维持其日常运营成本，最终导致其服务的停滞和品牌的消亡。TechShop的案例告诉我们，众创空间如果想要在竞争激烈的市场中生存和发展，就必须摒弃单一的盈利模式，积极探索多元化的收入来源。这包括但不限于与风险投资机构的深度合作，打造更加完善的创业生态系统，提供更加专业和深度的创业服务，以及通过项目孵化、股权投资等方式参与到创业企业的成长过程中，从而实现众创空间与创业企业的共赢。

此外，众创空间在自身发展的过程中，还需不断加强与政府部门的沟通与协作。通过建立有效的沟通机制，众创空间可以更好地理解政府的政策导向，争取到更多的政策支持和资金扶持，为创业者提供更加优惠的创业环境和更加丰富的资源。同时，众创空间还需不断提升自身的服务质量和创新能力，这是吸引和留住优秀创业者和投资方的关键。为了实现这一目标，众创空间可以采取以下措施：一是加强内部管理，提升服务效率，为创业者提供更加专业化和个性化的服务；二是搭建多元化的服务平台，包括但不限于技术支持、市场推广、法律咨询、财务规划等，以满足创业者的多样化需求；三是加强与高校、研究机构的合作，推动科技成果的转化，为创业者提供前沿的技术支持；四是举办各类创业活动，如创业大赛、研讨会、工作坊等，以激发创业者的创新潜能，同时提升众创空间的品牌影响力。通过这些综合措施，众创空间不仅能够有效解决资金短缺的问题，还能够提升自身的核心竞争力，确保在日益激烈的市场竞争中保持领先地位。在此基础上，众创空间将能够为中国的创新创业事业贡献更大的力量，推动中国经济社会的全面发展，实现从"创业大国"向"创新强国"转变。总之，众创空间作为创新创业的重要载体，其健康发展对于推动中国经济转型升级具有重要意义。只有不断优化自身服务，提升创新能力，并与政府、市场等多方形成良性互动，众创空间才能在未来的发展道路上稳步前行，为中国乃至全球的创新创业事业做出更大的贡献。

众创空间的发展之路并不是一条平坦的大道，而是充满了各种挑战和坎坷。在这条道路上，创客群体的整体竞争力成为一个不容忽视的问题。在市场的洪流中，创客们的水平参差不齐，并且鱼龙混杂，很多创客并不具备高水平的科技创新能力。这种现象带来了一种尴尬的局面：众创空间虽然为创客们搭建了展示才华的舞台，但众多创客由于自身能力的限制，难以推出真正具有市场潜力和创新价值的项目，因此很难获得投资机构的青睐和资金支持。众创平台的负责人在项目决策过程中往往缺乏必要的理性和专业性。他们有时无法准确评估项目的真正价值，这种现象在行业内依然普遍，成为制约众创空间健康发展的一个重要瓶颈。在项目决策的过程中，常常会出现两种典型的错误判断：

一是盲目乐观，将一些实际上缺乏潜力和市场前景的项目误判为具有发展潜力，从而投入大量的组织资源。这种决策失误不仅导致了资源的浪费，还可能引发组织的财务危机，甚至导致众创空间的破产倒闭。

二是过于保守，将一些原本具有成功潜力的项目错误地否决。这种决策失误不仅剥夺了优秀人才实现梦想的机会，也阻碍了众创空间自身的成长和壮大，错失了可能带来巨大社会和经济价值的创新项目。为了克服这些挑战，众创空间需要建立更加科学的项目评估体系，提升决策者的专业素养，同时加强对创客群体的培训和指导，提高他们的创新能力。此外，众创空间还应该加强与外部专业机构的合作，利用第三方评估和咨询来辅助决策，从而减少决策失误，推动众创空间向更加健康和可持续的方向发展。

众创空间发展困难的原因是多方面的，涉及创客与创业企业素质、项目发展前景、风险资金配置等多个层面。首先，创客与创业企业的素质参差不齐，部分创业者缺乏足够的商业经验和创新能力，难以将创意转化为具有市场竞争力的产品或服务。其次，许多创业项目的发展前景不明确，投资者难以准确判断其潜在价值和成长空间，导致投资决策的犹豫和迟疑。最后，风险资金的稀缺也是一个问题，尤其是在经济下行压力增大时，投资者更加谨慎，不愿意将资金投入到高风险的创业项目中。然而，运营模式本身存在的契约不完备性是众创空间发展困难的核心问题所在。这种契约不完备性可能表现为以下几个方面：一是众创空间与创业者之间的合作协议不够明确，权、责、利划分不清晰，导致合作过程中的纠纷和效率低下；二是众创空间与投资者之间的投资协议存在漏洞，缺乏有效的风险控制和利益分配机制，使投资者对项目的监控和干预能力不足；三是众创空间的内部管理机制不健全，缺乏有效的激励和约束机制，导致运营效率低下和资源浪费。为了解决这些问题，需要从多个层面进行改革和完善。第一，要提高创客和创业企业的素质，通过培训和指导提升他们的创新能力。第二，要建立更加科学的项目评估体系，为投资者提供准确的项目信息。第三，要完善风险投资机制，吸引更多的风险资金进入众创领域。第四，要优化众创空间的运营模式，完善契约设计，确保各方的权益得到有效保障，从而推动众创空间的健康发展。

众创平台的运营核心在于通过孵化具有潜在价值和发展前景的创业企业（Entrepreneurial Ventures，EV），从而实现投资收益的最大化。然而，现实中，众多众创空间（CIP）面临着资金实力不足的挑战，它们不得不依赖所孵化出的优质创业项目来吸引风险投资机构的关注和资金投入，以此保障平台的持续运营。这种对外部资金的强烈依赖性，使众创空间在资金链管理和项目筛选上面临着巨大的压力和风险。一旦项目孵化不成功或风险投资未能按预期介入，众创空间的整个运营体系就可能遭遇严重打击，甚至面临崩溃的风险。此外，众创空间在项目评估和筛选的过程中，常常因为缺乏有效的评价体系和专业人才，而出现项目筛选的盲目性和随意性。这种状况不仅大大增加了投资的风险，也严重影响了众创空间的整体运营效率和声誉。为了应对这些挑战，众创空间亟须采取以下措施：首先，建立健全的项目评估体系，确保项目筛选的科学性和准确性，降低投资风险。这包括开发一套综合考量技术可行性、市场潜力、团队实力等多方面因素的评价标准。其次，引进和培养专业的管理人才，提升众创空间在项目评估、运营管理、风险控制等方面的专业能力。最后，众创空间需要探索更加多元化的盈利模式，比如通过提供咨询服务、技术转让、联合研发等方式，减少对单一收入来源的依赖，增强自身的抗风险能力。通过这些措施，众创空间将能够在激烈的市场竞争中稳固自己的地位，为中国创新创业事业的发展提供更加有力的支持，推动经济社会的高质量发展。只有这样，众创空间才能在未来的发展道路上越走越远，为中国的创新驱动发展战略贡献更大的力量。

在当前的创业生态环境中，众创空间扮演着至关重要的角色，它作为连接创业企业和风险投资的重要桥梁，其影响力不容忽视。与创业企业直接寻找风险投资的双方合作模式相比，以众创空间为媒介的众创平台模式在缓解信息不对称带来的不确定性方面展现出显著的优势。在这种模式下，众创平台的作用是多方面的，它为创业企业提供了一系列的支持服务，包括但不限于办公空间、咨询服务、资源对接、市场推广等，帮助创业企业更好地发展和成长；同时，众创平台也为风险投资机构提供了一个更为可靠和高效的投资渠道。以下是众创平台模式的具体优势：①信息筛选和验证：众创平台通过对创业项目的初步筛选和验证，为风险投资机构提供更为优质的投资标的，减少了投资机构在项目搜寻和评估上的成本和时间。②资源整合：众创平台能够整合各类资源，为创业企业提供必要的支持，从而提高项目的成熟度和成功率，这对于风险投资机构来说是一个吸引人的投资信号。③风险分散：众创平台通常同时孵化多个项目，这有助于分散风险投资机构的风险，即使部分项目失败，其他成功的项目也能够带来回报。④持续监控：众创平台可以对孵化中的项目进行持续监控，及时发现问题并提供帮助，这有助于提高项目的存活率，降低投资风险。⑤专业网络：众创平台通常拥有广泛的专业网络，包括行业专家、成功企业家、资深投资人等，这些网络资源可以为创业企业和风险投资机构提供更多的合作机会和增值服务。总之，众创平台模式通过其独特的服务和支持，不仅促进了创业企业和风险投资机构之间的有效对接，也为整个创业生态系统的发展注入了活力，推动了创新创业的可持续发展。

众创平台可以为创业企业提供融资担保，这样不仅降低了创业企业在资本市场上的搜寻成本，也提高了它们获得资金的概率。同时，众创平台还能够为风险投资企业提供专业的项目评估和运营监管服务，帮助投资机构更准确地判断项目的潜在价值和风险，从而做出更加合理的投资决策。在三边融资契约体系下，风险投资机构（VC）、众创平台（CIP）和创业企业（EV）形成了一种既相互依赖又各自追求私利的复杂关系。创业企业通过将创意转化为产品，实现创业收益；风险投资机构通过投资活动获取投资回报；众创平台则作为代理人，负责对创业项目进行培育和投资，从而获得代理报酬。然而，由于创业企业在财务系统上相对于众创平台和风险投资机构是独立的，其私有信息往往无法被完全观测到。这种信息的不对称性导致了一系列道德风险问题。创业企业可能会为了追求自身利益最大化而采取违反契约的行为，比如虚假上报其真实收益或者私下破坏三边投融资契约。这种行为不仅损害了投资方的利益，也破坏了整个众创空间的信任体系。一方面，众创平台的监督在一定程度上可以降低创业企业和风险投资机构的道德风险，但同时也存在监督不力的问题，甚至可能出现违规挪用投资基金用于其他高风险投资活动的道德风险。另一方面，风险投资机构可能会为了追求更大的利益而绕过众创平台与创业企业直接签订双边投资契约，这种做法同样增加了道德风险。

在众创空间的投融资契约体系中，涉及创业企业、风险投资机构和众创平台三方的合作。这种三边关系的高度依赖性意味着任何一方的违约行为都可能对整个众创空间的发展产成连锁反应，导致发展失衡和信任危机。特别是在众筹性质的众创平台中，由于参与主体众多，信息不对称和道德风险问题更为突出，这使众筹性质的众创平台在发展过程中面临更多的挑战。相比之下，那些拥有自有资金、能够更好地控制项目风险的众创平台往往能够更有效地管理项目，降低违约风险，因此它们的发展相对更为稳健。这种差异性的根本原因在于资金来源的不同和对项目控制力的强弱。为了解决这些问题，并确保众创空间能够健康、稳定地发展，总结出以下几项必要措施：

（1）建立健全的监督机制：通过设立独立的监督机构或者内部监督部门，对众创空间内的投融资活动进行实时监控，确保各方遵守契约规定，及时发现并处理违约行为。

（2）透明的信息披露制度：建立一套完善的信息披露机制，要求所有参与方定期公布项目的进展情况、财务状况和风险状况，提高信息的透明度，减少信息不对称。

（3）法律法规的规范：通过制定和实施相关的法律法规，明确各方的权利和义务，对违约行为设定严格的惩罚措施，从而规范市场秩序，保护投资者的合法权益。

（4）风险管理和预警系统：众创平台应建立风险管理和预警系统，对潜在的风险进行评估和预警，采取预防措施，减少发生违约的可能性。

（5）培训和教育工作：加强对创业企业、投资者和众创平台管理人员的培训，增强他们的法律意识、风险意识和职业道德，促进各方之间的良性互动。

这些措施可以有效地降低众创空间的违约风险，促进各方的信任与合作，为众创空间的长期健康发展奠定坚实的基础。

在当前的创业生态系统中，创业企业与风险投资机构之间的直接合作模式，虽然从表面来看简洁明了，但其中潜藏的信息不对称问题却是一个不容忽视的障碍。这种信息的不对称性往往会在合作过程中引发一系列不确定因素，从而对双方的合作产生不利影响。对于风险投资机构而言，它们在决定是否投资一家创业企业时，面临着诸多挑战。首先，评估创业企业的技术实力并非易事，它们可能无法完全掌握企业技术的创新性、竞争力以及市场应用前景。其次，预测创业企业的市场前景同样充满困难，市场信息的复杂多变使投资机构难以准确判断企业产品的市场接受度和潜在增长空间。再次，了解创业企业管理团队的稳定性与能力也是一项艰巨的任务，团队的经验、凝聚力以及领导力都是影响企业未来发展的关键因素。另外，创业企业在与风险投资机构合作时，同样面临着信息不对称的问题。它们可能对投资机构的投资策略和偏好缺乏深入了解，这可能导致双方在合作目标上产生分歧。最后，创业企业可能对投资机构在资金使用上的监管要求不甚明了，这在一定程度上增加了企业的运营压力。而在后续的融资过程中，企业对于投资机构的支持力度和参与意愿也可能存在不确定性，这对企业的长期资金规划构成了挑战。因此，这种信息的不对等不仅加剧了双方在合作过程中的风险，还可能提高交易成本，影响合作效率。为了克服这一障碍，双方需要共同努力，通过增强信息披露的透明度、建立信任机制、进行深入的市场调研和团队背景调查等方式，减少信息不对称带来的负面影响，确保合作的顺畅进行。

相较之下，以众创空间为媒介的众创平台模式，为解决这一问题提供了一种有效的途径。众创平台作为一种专业的中介机构，为创业企业和风险投资机构之间搭建了一座沟通和合作的桥梁，有效地缓解了信息不对称带来的挑战。众创平台通过其专业化的服务，为双方提供了一种更为可靠和高效的融资渠道。众创平台为创业企业提供了一种融资担保机制，这种机制不仅有助于创业企业更容易地获得必要的资金支持，而且在一定程度上减少了它们在资金筹集过程中的困难和风险。创业企业可以通过众创平台的背书，以提高其在资本市场上的信誉度，从而吸引更多的投资者关注和投资。同时，众创平台还能够为风险投资企业提供专业的项目评估和运营监管服务。这些服务帮助投资机构更全面、更准确地识别和筛选出具有潜力的创业项目，从而提高投资决策的精准度和投资的成功率。众创平台通常拥有一支由行业专家、技术顾问和投资经理组成的专业团队，他们通过对创业项目的深入分析，为风险投资机构提供详尽的项目评估报告，确保投资决策建立在充分信息的基础之上。此外，众创平台还能够在项目运营过程中提供持续的监管服务，帮助创业企业优化运营管理，确保项目的顺利进行，并及时发现和解决潜在的问题。这种监管服务对于风险投资机构来说，是一种额外的保障，它能够确保投资资金的安全，并有助于实现投资回报的最大化。

总之，众创平台模式通过其独特的服务功能和运作机制，有效地降低了创业企业和风险投资机构在融资过程中的搜寻成本和不确定性，为双方的合作创造了更加稳定和可靠的环境，从而促进了整个创业生态系统的高效运行和健康发展。在三边融资契约体系中，风险投资机构、众创平台和创业企业既有共同的利益目标，也存在各自的私有利益追求。创业企业通过将自己的创意转化为产品，实现创业收益；风险投资机构则通过投资活动获取投资回报；众创平台作为代理人，负责对创业项目进行培育和投资，从而获得代理报酬。然而，由于创业企业在财务系统上相对独立，其私有信息往往难以被众创平台和风险投资机构完全观测到。这种信息的不透明性可能导致创业企业为了最大化自身利益而采取违反契约的行为，如虚报收益、私下破坏投融资契约等。众创平台的监督虽然可以在一定程度上降低创业企业和风险投资机构的道德风险，但也存在监督不力或违规使用投资基金进行其他高风险投资活动的风险。

在众创空间构建的三边投融资契约体系中，风险投资机构的投资回报率及其收益的实现程度，在很大程度上取决于创业企业的创新成果和市场表现，以及众创平台所提供的监督与服务质量。众创平台在这一体系中扮演着至关重要的角色，它通过一系列专业化的操作，如项目筛选、风险评估和运营监管，为风险投资机构搭建了一个更为安全且可靠的投资平台，同时也为创业企业提供了成长和发展的助力。众创平台的作用不仅局限于投资与被投资双方之间的桥梁，它更是整个创业生态系统中的催化剂和稳定器。通过其专业的服务，众创平台能够有效地识别和筛选出具有潜力的创业项目，降低风险投资机构在投资初期的风险。同时，它还能够对创业企业的运营进行实时监控，确保投资资金得到合理使用，从而保护投资者的利益。然而，在这一投融资体系中，风险投资机构有时可能会出于追求更高收益的目的，选择绕过众创平台，直接与创业企业建立双边投资契约关系。这种做法虽然在短期内可能会为风险投资机构带来更高的回报，因为它减少了通过众创平台进行投资时可能产生的中间成本，但这也意味着投资机构放弃了众创平台提供的监督和服务，从而引入了额外的道德风险。这种道德风险可能表现为创业企业在缺乏有效监管的情况下，滥用投资资金或者提供虚假信息以误导投资者。此外，直接的双边契约关系可能会导致风险投资机构对创业企业的运营状况了解不足，增加了投资的不确定性。长远来看，这种行为不仅可能损害风险投资机构的利益，还可能对整个众创空间的健康发展和创业生态系统的稳定性造成负面影响。因此，众创平台的存在和作用不容忽视，它对于维护投融资双方的合法权益、促进创业企业的健康成长以及保障整个创业生态系统的和谐运行都具有重要的意义。风险投资机构应当认识到，通过与众创平台的合作，虽然可能在短期内牺牲部分利益，但长期来看，这是实现可持续发展和风险控制的有效途径。

　　道德风险的问题在众创平台及其整个发展体系中扮演着一个极为关键的角色，它构成了一个不容小觑的挑战。这种风险不仅有可能对众创平台的直接利益造成损害，更为严重的是，它有可能触发众创空间整个发展体系的失衡，从而对体系的稳定性和运作效率产生深远的影响。当风险投资机构决定绕开众创平台，直接与创业企业建立投资联系时，这种行为可能会引发一连串的负面效果。首先，风险投资机构的直接投资行为有可能加剧创业企业信息的不对称性。众创平台通常拥有专业的项目评估和监督职能，能够向风险投资机构提供更加全面和精确的项目信息。如果绕过了众创平台的这一环节，风险投资机构可能会因为信息的不足或失真而做出错误的判断，这样一来，投资的风险就会显著增加。其次，这种绕过众创平台的直接投资方式削弱了众创平台在项目监督和风险管理上的职能。众创平台通过其专业化的服务，不仅能够协助创业企业进行规范化运营，还能有效地管理投资风险。然而，当风险投资机构选择直接投资时，众创平台的这些监督和管理机制可能会失效，这不仅提高了创业企业和投资机构面临的风险，还可能对整个投资环境的健康造成损害。此外，当众创平台的作用被边缘化时，创业企业可能会失去一个重要的资源和支持网络。众创平台往往能够提供除资金以外的多方面支持，如市场推广、人才引进、技术指导等，这些都是创业企业成功的关键因素。失去了这些支持，创业企业的发展可能会受到限制，从而影响到整个众创空间的创新能力和竞争力。因此，为了维护众创空间的健康发展，必须重视道德风险问题，并通过建立完善的监督机制、提升信息透明度、加强法律法规建设等措施，来确保众创平台能够充分发挥其应有的作用，为创业企业和风险投资机构提供一个公平、高效、安全的合作环境。

　　对于创业企业而言，失去了众创平台的监督和支持，它们可能无法得到有效的指导和资源，这不利于其长期发展。对于风险投资机构来说，虽然短期内可能获得更高的回报，但长期来看，缺乏有效的风险管理可能会对其投资组合的稳定性和回报率产生负面影响。正因为如此，众筹性质的众创平台在发展过程中可能会遇到瓶颈。这类平台往往依赖于外部投资者的信任和项目的成功维持运营。一旦道德风险问题凸显，投资者的信任度就会下降，这将对众筹平台的资金募集和项目孵化能力造成严重打击。相反，那些拥有自有资金、能够更好地控制项目风险、并提供更为稳定和可靠服务的众创平台，往往能够获得更好的发展机会。这类平台通过自身的资源和能力，能够为创业企业和风险投资机构提供更加全面和深入的服务，从而在市场竞争中占据优势，实现可持续发展。因此，建立健全的监督机制、透明的信息披露制度，以及通过法律法规来规范各方的行为，对于保障众创空间的健康发展至关重要。

为了促进众创空间的健康和可持续发展，构建和完善众创平台的监督机制显得尤为关键。这一机制的核心在于建立一套科学、有效的项目评估体系，确保众创平台能够对创业项目进行全面、深入的审查和监督。这不仅涉及项目的技术创新、市场前景、团队实力等关键因素，还包括项目的商业模式、盈利能力、风险控制等方面的考量。通过这样的评估体系，可以确保众创平台筛选具有潜力和价值的创业项目，从而提高投资的成功率。此外，增强信息透明度是众创平台监督机制的重要组成部分。通过建立公开透明的信息披露制度，众创平台可以减少信息不对称的问题，提高投资者的信任度。投资者在了解创业项目的详细信息后，能够更加准确地判断项目的投资价值，从而做出更为明智的投资决策。这种透明度的提升，对于维护众创空间的良好秩序和声誉具有重要意义。

同时，确保契约执行的公正性是保障众创空间各方合法权益的关键。通过法律法规和合同条款的约束，可以有效地防止任何一方违约行为的发生。这不仅有助于维护市场秩序，而且让创业企业和投资者在众创空间中安心发展，共同成长。在加强众创平台自身建设方面，提升专业能力和服务质量是吸引更多创业企业和风险投资机构参与的关键。确保契约执行的公正性，对于维护众创空间内各方合法权益至关重要。法律法规的明确界定和合同条款的严格规定，构成了预防违约行为的坚实屏障，这不仅有助于维护市场的正常秩序，而且让创业企业和投资者在众创空间这片沃土上安心耕耘，携手成长。

在众创平台的自我提升之路上，专业能力的增强和服务质量的提高是吸引创业企业和风险投资机构的关键所在。众创平台需不断深化内部管理，提升项目筛选和评估的精准度，加强对创业企业的全方位支持，以及优化对投资者的服务体验。以下是一些具体的策略：众创平台应致力于打造一支由行业专家、技术骨干和创新人才组成的专业团队，他们凭借丰富的经验和对行业的深刻理解，能够为创业企业和投资者提供更加精准的服务。构建一个全方位的服务网络，涵盖从项目孵化、资金对接到市场推广、法律咨询等各个环节，以满足创业企业和投资者在各个发展阶段的需求。建立一套科学的风险管理体系，通过持续的风险评估、监控和预警，有效地控制投资风险，保障投资者的利益不受损害。提高信息透明度，确保信息的及时性和准确性，减少信息不对称带来的潜在风险，增强投资者和创业企业之间的信任。定期举办行业研讨会、项目展示等活动，为创业企业和投资者提供一个交流思想、分享经验、寻求合作的平台，促进双方的深入了解和有效对接。通过这些综合措施，众创平台将能够提升自身的吸引力，吸引更多优秀的创业项目和投资者的关注，进而推动整个众创空间生态系统的健康发展。同时，众创平台还应积极参与政策制定，与政府、行业组织等建立合作关系，共同创造一个更加有利于创新创业的环境，为创业企业和投资者的长期发展提供强有力的支持。众创平台应当不断优化内部管理，提高项目筛选、辅导、孵化等环节的专业水平，为创业企业提供更加优质的服务。众创平台在制定投资决策策略时，其选择对众创空间的整体运营状况产生了深远的影响。这些策略的优劣直接关系到众创平台是否能够有效地扶持创业企业的发展，以及是否能够确保自身运营的持续性和稳定性。然而，在实际操作过程中，众创平台往往面临诸多不确定性因素，如市场变化、政策调整、技术创新等，这些因素使传统的投资评估手段，如净现值法，难以完全适应众创空间独特的投资环境。

在我国，众创平台在处理创业项目的投资决策过程中，虽然引入了国际风险投资机构的先进经验和模式，但这些模式在本土化的过程中遇到了适配性的挑战。由于我国市场特有的经济环境、文化背景和政策导向，这些国际上的成熟做法并不能完全适应国内市场的复杂性和独特性。在许多情况下，众创平台的投资决策并非基于严谨的评估模型和数据分析，而是过分依赖于高层管理者的个人经验和直觉。这种"拍板"式的决策方式，虽然在一定程度上体现了决策者的决断力，但往往缺乏必要的客观性和精确性，从而增加了投资的风险性。进一步分析，国内众创平台在投资决策的制定过程中，常常未能充分认识到优先投资期权价值的战略意义。优先投资期权作为一种重要的金融工具，它赋予了投资者在未来特定条件下优先投资的权利，这种权利在不确定性较大的创业投资领域显得尤为宝贵。对于众创平台而言，优先投资期权不仅是一种风险管理手段，更是一种能够带来潜在战略优势的资源。它能够为平台提供更多的投资选择权，增加投资的成功率，并在未来为企业带来更大的收益。然而，在实际的操作过程中，这种期权价值往往被忽视，没有成为投资决策的重要组成部分。众创平台在评估创业项目时，往往只关注项目的当前价值和短期收益，而忽略了长期发展和潜在的增长潜力。这种短视的行为限制了众创平台的发展潜力和市场竞争力。为了改变这一现状，众创平台应当重新审视投资决策的制定过程，加强对优先投资期权价值的研究和应用。这包括但不限于：建立和完善投资评估体系，将期权价值纳入考量范围；培养专业的投资团队，提高对期权价值的识别和评估能力；制定相应的策略，确保优先投资期权能够在适当的时机被有效行使；以及加强与创业企业的沟通，确保双方都能从优先投资期权中获得利益。通过这些措施，众创平台将能够提升投资决策的科学性和有效性，更好地把握市场机遇，降低投资风险，从而推动众创空间实现更加稳定和可持续的发展。

众创平台在运营中深刻理解到，投资过程中潜藏的风险如同暗流涌动，其中过度自信的倾向、道德风险的问题，以及创业企业收益流的不稳定性，都是不可忽视的挑战。然而，在实际的风险规避实践中，众创平台往往未能构建起一道坚固的防线，以科学和系统化的方式来防范这些风险。在风险评估的战场上，众创平台似乎缺少了锐利的武器。它们缺乏有效的风险评估工具，这就好像战士失去了剑盾，难以在投资决策的战场上全面识别和有效抵御潜在的风险。这种工具的缺失，使众创平台在做出投资选择时，往往只能依赖于直觉和经验，而非坚实的数据分析。与此同时，众创平台在风险监控的岗位上，也显得有些力不从心。持续的监控机制如同哨兵的警觉目光，能够及时发现情况并做出应对。但许多众创平台在投资之后，却未能保持这种警惕。这种状态无疑给众创平台的投资决策蒙上了一层阴影。高风险的投资决策不仅可能成为创业企业成长的绊脚石，也可能成为众创平台自身发展的隐患。投资失误不仅会损害平台的声誉，还可能削弱其吸引投资和项目的能力，从而影响其长期的生存和发展。为了摆脱这一困境，众创平台需要采取更为周密的策略。它们需要开发出更加精准的风险评估工具，如同为投资决策配备了一副透视镜，能够洞察项目的每一个角落。同时，众创平台需要建立起一套完善的风险监控体系，确保能够对投资项目进行全天候的监控，及时发现并处理问题。此外，提升管理团队的风险管理能力，加强内部管理，也是确保平台稳健运营的关键。

通过这些综合措施，众创平台将能够更好地驾驭风险，为创业企业提供更加有力的支持，同时确保自身的可持续发展，如同在波涛汹涌的海洋中，稳稳掌舵，驶向光明的未来。在众创空间这片充满活力的创业生态中，投资决策的质量直接关系到平台的生存与发展，以及众多创业企业的未来命运。因此，针对众创平台的独特性，我们迫切需要打造一套更为科学、合理的投资评估体系，这套体系应当充分考虑到众创空间特有的动态性、创新性和高风险性，以确保每一笔投资都能精准地支持那些最具潜力和价值的创业项目。为了实现这一目标，我们必须加强风险管理，让投资决策的过程更加透明、公正。这不仅是对投资者负责，也是对创业者的承诺，更是对整个众创空间生态健康发展的保障。通过建立健全的风险评估和监控机制，我们能够有效地识别和规避潜在的风险，确保资源的有效配置，从而为创业企业和投资者搭建起一座稳固的桥梁。此外，为提高投资决策的整体质量，还需要我们不断完善众创平台的服务体系，提升专业服务水平。这包括但不限于提供市场分析、技术评估、财务规划等全方位的支持，帮助创业企业在成长的道路上少走弯路，快速成长。通过这些努力，众创平台将能够更有效地支持创业创新，为我国创新创业生态系统的繁荣贡献新的活力。这不仅能够推动经济的持续增长，还能够激发社会的创新潜能，培养出一批批具有国际竞争力的创新型企业，最终实现科技与经济的深度融合，为社会带来更加深远的影响。在这个过程中，众创平台自身也将成长为推动社会进步的重要力量，成为创新创业领域的一颗璀璨明珠。

1.2 研究目的和理论意义

1.2.1 研究目的

本书致力于深入剖析众创平台在投资决策过程中所面临的核心问题，旨在构建一套系统化的决策方案、治理机制以及投资退出时机选择策略。本书采用数值分析和仿真模拟等科学方法，旨在为众创平台的稳健发展提供坚实的理论支撑和实践指导，同时为政府部门和企业界在制定创新创业政策时提供有利的决策参考。在本书中，我们以众创平台投资决策为研究起点，运用随机分析这一先进工具，并结合实物期权理论和过度自信理论，创新性地构建了以下三种模型：

（1）两阶段投资决策模型：该模型考虑了众创平台在投资过程中的阶段性特征，以及不同阶段的风险和收益变化。通过这一模型，我们能够更准确地评估创业项目的价值，并在不同的投资阶段做出合理的决策。

（2）三边道德风险规制模型：针对众创平台、创业企业和风险投资机构三者之间的相互作用和潜在道德风险，该模型提出了一套有效的规制机制，旨在通过激励机制和约束条件的设定，降低道德风险，保障各方利益。

（3）投资退出时机决策模型：该模型结合了市场动态和项目发展情况，为众创平台提供了在何时退出投资以实现最大化的收益和风险控制的策略。通过这一模型，众创平台能够更好地把握市场时机，优化投资组合。

这些模型的构建和应用，不仅有助于众创平台提高投资决策的科学性和有效性，还能够为整个众创空间生态系统的优化提供理论支持和实践指导，进而推动我国创新创业事业的健康发展。通过本书研究，我们期望能够为众创平台的发展提供一套系统化的决策框架，为政府和企业提供切实可行的政策建议，促进我国创新创业生态的持续繁荣。

在两阶段投资决策模型的研究中，本书深入探讨了创业企业、风险投资机构与众创平台在项目合作的不同阶段——初期和中期的投资决策行为。我们分析了这些行为是如何受到市场不确定性、技术不确定性、财务不确定性等多种不确定因素的影响，同时也考察了政策环境、市场需求、企业成长性等确定性因素对投资决策的指导作用。通过这一模型，我们得出了在创业项目的不同发展阶段，各方应如何权衡风险与收益，以及如何制定相应的投资策略。在三边道德风险规制模型的研究中，我们聚焦于众创空间内创业企业、风险投资机构与众创平台之间的道德风险问题。这些道德风险可能源于信息不对称、合同不完全性、代理问题等。本书探讨了如何通过建立有效的治理机制，包括激励机制、监督机制、惩罚机制等，以降低这些道德风险，从而保护投资者的利益，促进创业企业的健康成长，以及维护众创平台的稳定运营。此外，本书还构建了投资退出时机决策模型，该模型旨在为众创平台提供一种在适当的时机做出投资退出决策的方法。这一模型考虑了市场条件、项目进展、资金需求、风险承受能力等多种因素，帮助众创平台在最大化投资回报的同时，最小化潜在的损失。通过这一模型，众创平台能够更加科学地评估投资项目的持续价值，以及决定何时退出投资以保护自身利益。通过这些模型的构建和应用，本书揭示了在众创空间的三方合作与博弈过程中，不确定因素和确定因素如何共同作用于最优决策准则的制定。同时，本书也为如何处理投资决策中的道德风险问题提供了理论依据和实践指导，为众创平台、创业企业和风险投资机构在复杂的创业环境中做出更加合理、有效的决策提供了有力的支持。

通过对这些模型的深入分析和仿真模拟，本书不仅为众创平台提供了具体的操作指南，也为政府和企业提供了关于如何更好地支持和引导众创平台发展的政策建议，从而促进整个创新创业生态系统的繁荣和可持续发展。

1.2.2 理论意义

在众创空间的发展与投资决策过程中，实物期权理论的应用显得尤为重要。这一理论以其独特的视角，为投资者提供了一种创新的金融分析手段，使其在评估项目价值时能够更加精准地处理不确定性问题。实物期权理论将现实世界中的投资机会比作一种期权，赋予投资者在变幻莫测的市场环境中保持灵活应对的能力。通过实物期权理论，投资者在审视投资项目时，能够更加全面地考量市场动态、技术发展趋势等多方面因素。这种分析方式不仅帮助投资者在决策时充分考虑潜在的风险，还能够揭示投资项目背后的隐藏价值。实物期权理论的应用，使投资者在面对市场波动时，能够更加从容地规划投资策略，确保在竞争激烈的市场中保持领先地位。实物期权理论的价值在于，它让投资者在项目评估过程中不再局限于静态的财务分析，而是能够动态地把握投资机会。这种能力使投资者在面对市场不确定性时，能够及时调整投资方向，把握最佳投资时机。与此同时，实物期权理论还优化了投资者的资本分配策略，确保有限的资源能够投入最有潜力的项目中，从而为众创空间的发展提供有力的支持。

　　总之，实物期权理论在众创空间的投资决策中发挥着关键作用，它不仅提升了投资者对项目价值的认识，还在不断变化的市场环境中为投资者提供了应对策略。这种理论的应用，有助于众创空间更好地服务于创新创业企业，推动整个创新创业生态系统的繁荣发展。

　　实物期权理论的核心在于将期权定价理论应用于实物资产的投资决策，它认为许多投资机会都具有期权的性质，比如延迟投资、扩大或缩小投资规模、放弃投资等，这些选择权赋予了投资者在面对不确定性时的灵活性。通过实物期权分析，投资者可以更加精确地计算出项目的内在价值，包括其潜在的增长期权和放弃期权，从而在投资决策中做出更为科学的判断。与此同时，道德风险规制理论与委托代理理论在防范社会生产活动中的道德风险问题方面发挥了关键作用。这两种理论为构建公平、透明的合作关系提供了理论基础，有助于缓解信息不对称带来的风险，确保各方在合作过程中能够遵循诚信原则，维护共同的利益。道德风险规制理论强调通过制度设计和激励机制来约束行为主体的道德风险行为，而委托代理理论则关注如何在信息不对称的情况下，设计合理的契约来协调委托人和代理人的利益冲突。

　　基于委托代理理论，本书构建了一个包含风险投资机构、众创平台和创业企业在内的三边分析框架。这个框架旨在深入探讨这三方在投资决策过程中的相互作用和影响，以及如何通过有效的机制设计优化合作成果。在这个框架中，风险投资机构作为资金的提供者，众创平台作为项目筛选和培育的中间平台，创业企业作为创新和成长的主体，三者的互动和合作是众创空间成功的关键。通过分析风险投资机构、众创平台和创业企业之间的委托代理关系，本书揭示了如何通过激励机制、监督机制和契约设计来降低代理成本，提高投资效率。例如，可以通过设计业绩挂钩的薪酬结构、提供股权激励、建立透明的信息披露制度等措施激发创业企业的创新活力，同时保护投资者的利益。此外，本书探讨了如何通过法律法规、行业规范等手段，来规范众创平台的行为，确保其在服务创业企业的同时，也能够维护风险投资机构的合法权益。通过这些研究，本书旨在为众创空间的健康发展提供理论指导和实践参考。本书通过引入实物期权理论，具体分析了众创平台在投资决策过程中可能出现的过度自信倾向所导致的问题。过度自信往往会导致投资决策的偏差，而实物期权理论的应用有助于识别和纠正这些偏差，提高投资决策的准确性。在此基础上，本书还建立了一套合理有效的规制机制，旨在规避众创空间中可能出现的三边道德风险问题，确保各方利益的最大化和风险的最小化。

通过严谨的科学研究方法，本书巧妙地规避了传统创投模式中常见的问题，那些往往依赖于个人直觉和经验的做法，如主观臆断、信息的不对等性以及决策时的盲目性，这些都可能导致投资决策的失误和资源的浪费。本书研究的结果，为众创平台的顺畅运作提供了坚实的理论基础，确保了其在服务创业企业时的效率和效果。此外，为风险投资机构、众创平台以及创业企业之间的互动合作开辟了新的路径，提出了一系列创新性的视角和策略。这些策略不仅能够促进众创平台的稳定增长，还能够强化三方的协同效应，从而提升整个创新创业生态系统的活力和韧性。更为重要的是，本书对于推动经济社会的高质量发展具有深远的影响。它不仅为当前的创新创业实践提供了理论支撑，还指明了未来发展的方向。通过优化众创平台的运营模式，本书有助于培育更多具有创新精神和成长潜力的企业，这对于促进产业结构升级、加快新旧动能转换、实现经济持续健康发展具有不可估量的价值。总之，本书不仅在理论上填补了众创空间研究领域的一项空白，而且在实践层面为相关主体提供了切实可行的操作指南。它不仅有助于提升众创平台的服务质量，还为创新创业生态系统的完善和优化贡献了智慧和力量，对于推动我国经济社会迈向更加高质量、可持续的发展道路具有重要的现实意义和长远影响。

1.2.3 实际应用价值

在当前的经济环境下，众创平台正以迅猛的速度发展，它们在推动创新创业、促进就业和经济增长等方面发挥着重要作用。然而，伴随着这种快速发展的势头，众创平台也遭遇了一系列的问题和挑战，这些问题亟待解决以保障其长期稳定的发展。首先，众创平台在投资退出时机的选择上面临着重大挑战。如何准确把握退出时机，避免过早退出导致收益未充分实现或过晚退出导致市场风险增加是一个棘手的问题。这种决策的复杂性要求众创平台具备高度的市场洞察力和风险评估能力。其次，众创平台在制定多阶段投资决策时，需要面对的是一个复杂且动态的环境。这些决策需要综合考虑市场环境的变化、企业成长的不同阶段、资金需求的波动以及投资回报的预期等多种因素。这种决策的制定不仅要求高度的精确性，还要求决策者具备前瞻性和灵活性。最后，众创平台、风险投资机构与创业企业之间的道德风险问题在众创空间的运作框架下越发突出。信息不对称、利益冲突和契约不完备等问题，可能导致一方为了自身利益而损害其他方的权益，进而影响整个合作关系的稳定性和效率。这些问题不仅直接影响了众创平台资源的有效配置和使用效率，还可能导致投资决策的盲目性，增加投资风险。长此以往，这些问题可能会对整个创新创业生态系统的健康发展造成负面影响，包括抑制创业企业的创新能力、降低投资者的信心，以及阻碍众创平台服务功能的充分发挥。因此，为了确保众创平台的持续健康发展，有必要针对这些问题进行深入的研究和探讨，制定相应的策略和措施，以提升众创平台的服务质量，优化投资决策流程，降低道德风险，从而为创新创业生态系统的繁荣做出积极贡献。

针对上述挑战，本书进行了深入探讨，特别是针对创业企业在众创空间内融资过程中，众创平台所面临的投资决策问题进行了系统的建模分析。通过对投资和退出时机决策问题的深入研究，本书旨在为众创平台构建一套科学合理的投资决策框架。这套框架旨在帮助众创平台避免资源的浪费和盲目探索，确保投资活动的有效性和回报率，从而提升整个众创空间的运营效率。此外，本书还着重探讨了众创空间框架下的三边道德风险规制策略。通过研究如何增强投资者信心、规避非正当手段对合作契约的破坏，以及提高创业企业、众创平台和风险投资机构之间的匹配效果，本书为构建一个公平、透明、高效的众创环境提供了理论支持和实践指导。这些策略的提出，有助于减少信息不对称带来的风险，促进各方之间的信任与合作，为众创空间的长期发展奠定坚实基础。

本书研究的结果发现，为"大众创业、万众创新"这一时代潮流提供了坚实的理论支撑和科学指导，极大地促进了创新创业活动的广泛开展。同时，这些研究成果也为政府制定相关战略规划提供了重要的参考依据。

总结而言，本书进行深入探讨，针对众创平台在投资决策过程中的复杂性和道德风险的管理问题，提出了一系列具有可操作性的策略和方法。这些研究成果不仅为众创平台的持续发展和风险控制指明了方向，也为政府、企业和投资者在创新创业领域的决策提供了重要的参考依据。其深远的影响和实际应用价值，对于促进我国创新创业事业的繁荣具有不可估量的作用。本书的工作不仅丰富了众创平台运营管理的理论体系，而且在实践层面，为解决众创空间面临的现实问题提供了有力的工具。它有助于政府更加科学地制定政策，为众创平台提供更加有力的政策支持；同时，它也为企业提供了在创新创业过程中规避风险、提高成功率的有效路径；对于投资者而言，这些研究成果更是他们在资本运作中做出明智决策的重要参考。此外，本书的研究成果对于构建一个更加健康、有序的创新创业生态系统起到了推动作用。在这个生态系统中，各参与主体能够相互促进、共同成长，从而为我国经济的转型升级和持续增长提供了新的动力。这不仅有助于提升我国在全球创新版图中的地位，也为社会的全面进步和人民的美好生活注入了新的活力和创造力。总之，本书通过对众创平台投资决策和道德风险规制问题的深入研究，为我国创新创业事业的发展贡献了智慧和力量，它的理论意义与实践意义将随着时间的推移而越发显现，成为推动我国社会经济发展的重要基石。

1.3 国内外研究现状评述

1.3.1 实物期权研究评述

Dean（1951）第一个研究了实物期权思想，他在研究中指出，传统的净现值法在处理不确定环境下的战略投资决策时存在局限性。净现值法主要适用于评估具有确定现金流的投资项目，而在现实世界中，许多投资项目面临着市场变化、技术进步等不确定性因素，这些因素使项目的未来现金流难以准确预测。Dean 的研究开启了实物期权理论在投资决策中的应用之路。实物期权的概念首先是由 Myers（1973）定义，Myers 将金融期权的理论框架扩展到实物资产的投资评估中，他认为，实物期权是一种选择权，它赋予投资者在未来某个时点进行投资或改变投资策略的权利，而不是义务。在 Myers 的定义中，实物期权中的某些条件与假设在金融期权的基础上被赋予了新的含义与性质。例如，金融期权主要涉及的是金融资产，而实物期权则涉及实物资产，如工厂、设备、土地等。此外，实物期权的执行通常涉及更为复杂的项目管理和运营决策，其价值也受到更多因素的影响，如项目特有的技术风险、市场需求的不确定性、竞争环境的变化等。

Myers 的工作为实物期权的理论发展和实际应用奠定了基础，使投资者和决策者在评估投资项目时能够更加全面地考虑不确定性因素，从而做出更为合理和科学的投资决策。实物期权理论的出现为投资决策领域带来了一场革命，它不仅提供了新的评估工具，也改变了人们对投资风险和价值的认识。

1.3.1.1 国外研究现状

Black 和 Scholes 于 1973 年创立了 B-S 金融期权定价模型。这一模型通过一系列假设，包括标的资产价格遵循几何布朗运动、不存在套利机会、市场完全有效等，推导出了一个精确的期权定价公式。B-S 模型的创立不仅为金融期权的定价提供了科学的方法，而且也为未来实物期权与金融期权的发展奠定了坚实的理论基础。该金融期权定价方法可视为未来实物期权与金融期权发展的奠基石。在此基础上，Merton（1973）对 B-S 模型进行拓展，提出 B-S-M 模型。Merton 的研究考虑了更广泛的市场条件，包括跳跃扩散过程和利率变动等因素，使模型更加贴近现实市场的复杂性。B-S-M 模型的出现，进一步丰富了金融期权的定价理论，并为后续的研究提供了新的方向。基于时间离散条件，Cox 和 Ross（1979）提出 C-R-R 二项式定价模型，并推导出其定价公式。该模型基于时间离散的假设，通过构建一个二叉树结构来模拟标的资产价格的波动，并推导出了相应的期权定价公式。C-R-R 模型的特点是简单易懂，易于编程实现，且能够处理更为复杂的情况，如美式期权和隐含波动率等。

C-R-R 模型与 B-S 模型在金融期权定价领域相互补充，被视为两个基本的模型。B-S 模型适用于欧式期权，且在连续时间框架下更为精确；而 C-R-R 模型则适用于美式期权，且在处理离散时间序列方面更为灵活。这两个模型的提出，极大地推动了金融衍生品市场的发展，为投资者、金融机构和市场监管者提供了强有力的工具，以评估和管理金融期权的风险。C-R-R 模型与 B-S 模型相互补充，被视为金融期权领域的两个基本模型。

上述金融期权定价研究成果为实物期权定价模型研究提供了很好的借鉴与参考，同时基于实物期权的复合性，及 Geske 和 Thomassen 研究成果，Childs 和 Trinatis（1999）采用三项式方法对项目的期权价值进行了求解，认为技术突破的概率则服从泊松过程。上述金融期权定价研究成果为实物期权定价模型的研究提供了宝贵的借鉴和参考。实物期权，作为一种更为复杂的不确定性投资决策工具，其定价模型需要考虑到实物资产的特殊性质，如不可交易性、非标准化、投资不可逆性等。在金融期权定价理论的基础上，研究者们开始探索如何将这些理论应用于实物期权的定价。Geske 和 Thomassen 的研究成果在实物期权定价领域起到了重要作用。他们提出的方法考虑了实物期权的复合性，即一个项目可能包含多个期权，这些期权之间可能存在相互依赖或相互影响的关系。这种复合性要求定价模型能够处理多个期权的相互作用，以及它们对项目整体价值的贡献。

在此基础上，Childs 和 Trinatis 在 1999 年的研究中采用了三项式方法对项目的期权价值进行了求解。他们的模型在传统的二项式定价模型的基础上进行了扩展，以更好地捕捉实物期权的多阶段和复合性特征。三项式模型通过引入额外的节点和路径，能够更准确地模拟实物资产价值的波动和投资决策的灵活性。在 Childs 和 Trinatis 的模型中，特别考虑了技术突破对项目价值的影响。他们认为技术突破的概率服从泊松过程，这是一种常用于描述稀有事件发生概率的数学模型。通过将泊松过程纳入三项式模型，研究者能够更有效地评估技术进步等外部因素对实物期权价值的影响，从而为投资者提供更为精确的投资决策支持。Childs 和 Trinatis 的研究不仅丰富了实物期权定价的理论体系，也为实践中的投资决策提供了更为实用的工具。他们的工作展示了实物期权定价模型在处理复杂投资决策问题时的潜力和应用前景，为后续的研究和实务操作提供了重要的参考。Paxson（2001）在评价研发实物期权时，将研发项目的整个生命周期细分为七个阶段，每个阶段都具有不同的特征和决策点，从而为实物期权的识别、评估和应用提供了更为精细的框架。这种分阶段的方法有助于更好地理解研发投资的不确定性和灵活性，以及如何在不同阶段利用实物期权来优化投资决策。Biekpe 等（2003）研究了研究与发展中等待投资的价值，认为若现金流满足均值自回归，则模型存在解析解。他们认为，如果项目的现金流满足均值自回归的性质，那么在这种情况下，实物期权定价模型将存在解析解。这一发现为实物期权的量化分析提供了便利，使投资者能够通过数学方法更准确地评估等待投资的机会成本和潜在价值。Brach（2001）指出，实物期权可应用于微观企业管理。他认为，实物期权不仅适用于大型项目的投资决策，也同样适用于企业的日常运营管理。通过实物期权的方法，企业可以更好地评估和管理各种经营决策中的不确定性和潜在机会。L. Trigeorgis（1988）比较了股票看涨期权和实物期权。他的工作揭示了两者之间的相似性和差异性，为实物期权的研究提供了新的视角，并强调了实物期权在评估实物资产投资时的独特价值。Smets（1993）将实物期权理论引入博弈论研究。他探讨了在竞争环境下，企业如何利用实物期权来制定策略，以应对竞争对手的行动和市场的不确定性，这一研究为战略决策提供了新的理论支撑。Miller 和 Gregory（2002）对基本情景做出假设，将实物期权引入到风险管理中。与贝叶斯方法结合，Armstrong（1999）利用实物期权方法评估了项目的风险和信息价值。他的研究展示了如何通过贝叶斯更新的方式，动态调整实物期权的评估，从而为项目投资决策提供了更为全面的风险评估工具。这些研究成果共同推动了实物期权理论的发展，并在实际应用中发挥了重要作用。

实物期权理论在自然资源、技术创新、研究和发展、竞争与战略、信息和估计评估等领域具有广泛的应用前景。

在自然资源方面，Brennan 和 Schwrtz（1985）对矿山开采及暂时关闭价格，通过实物期权方法进行了研究。他们通过构建模型，考虑了市场价格波动对矿山开采决策的影响，以及如何通过暂时关闭矿山来应对市场低迷，从而最大化矿山的整体价值。Moyen 等（1996）利用实物期权方法，对采矿工程进行价值评估建模。他们的工作强调了实物期权在矿产资源投资决策中的重要性，特别是在评估采矿项目的期权价值和最优开采策略方面。Moel 等（2002）利用实物期权方法，有效地解释了矿山的开采与关闭决策。他的研究揭示了市场价格波动、开采成本和未来市场预期等因素如何影响矿山运营的决策，为矿产行业的管理者和投资者提供了宝贵的决策参考。在技术创新方面，Grenadier（1997）研究了企业面对序列技术创新时的投资策略问题。他分析了企业在技术创新过程中的期权价值，以及如何在不同阶段做出最优的投资决策，以实现技术创新的商业化。Bar-llan 和 Strange（1998）在两个阶段投资模型研究中，认为第一阶段马上开始投资能获得更大的收益。Hoppe（2000）将实物期权引入到新技术应用时机决策模型。在 R&D 方面，Pennings 和 Lint（1997）认为离散模型假设更适合用来描述 R&D 价值波动。他们的研究为 R&D 项目的评估提供了新的视角，强调了在不确定性环境下，实物期权方法在 R&D 投资决策中的适用性和优势。这些研究成果不仅在理论上丰富了实物期权应用的领域，而且在实践中为自然资源开发、技术创新和 R&D 投资提供了有力的决策支持工具。Childs 和 Triantis（1998）研究了多项目的序贯决策问题，并得到了相应闭合解。这项研究为企业如何在多个相互依赖的项目中选择最优投资顺序提供了理论依据，帮助企业在面对复杂投资决策时，能够更有效地分配资源和管理风险。Biekpe 等（2003）对 R&D 中等待投资的价值进行了研究。他们通过分析 R&D 项目的潜在价值和不确定性，揭示了在适当的时候推迟投资决策可能带来的价值，为企业在技术创新投资中提供了重要的决策参考。Weeds（2002）分析了企业竞争性研发不可逆投资战略问题，他的研究强调了竞争对企业研发投资决策的影响，以及如何在竞争激烈的市场中制定有效的投资策略。Lukach 和 Kort（2002）研究了企业研发投资问题中的技术不确定性问题，他的研究帮助企业理解了技术不确定性如何影响研发项目的价值，以及如何通过实物期权方法来评估和管理这些不确定性。Loren（2006）利用实物期权方法对纽约奶农的投资决策进行了研究。这项研究展示了实物期权理论在农业投资决策中的应用，为农民在不确定的市场环境中做出合理投资提供了指导。在期权定价框架内，考虑溢出效应的情形下，Spiros 和 Eleftherios（2013）研究了决策者战略性研发投资决策问题中的两次随机博弈问题。他们的研究为理解研发投资中的策略互动和竞争策略提供了新的视角。Eric（2014）利用实物期权理论研究了消费者的消费行为。这项研究拓展了实物期权理论的应用范围，将其应用于消费者行为分析，为理解消费者的消费决策提供了新的理论框架。在信息和股价评估方面，Lambrecht 和 Perraudim（2003）在研究中发现，信息的不完备会使企业在决策时考量竞争对手的成本，在决定是否采取抢先进入市场。Gustavo 等（2012）通过利用实物期权建模的方法，研究得出企业股票回报与企业回报间的正相关关系。他们的研究为企业如何通过实物期权理论评估股票价值和投资决策提供了实证支持。这些研究成果不仅在理论上丰富了实物期权应用的领域，而且在实践中为企业在不同行业和情境下的投资决策提供了有力的分析工具。

1.3.1.2 国内研究现状

我国实物期权理论的应用主要聚焦于价值评估和投资决策两大领域。首先，在价值评估方面，实物期权理论被用于对现有实物资产的价值进行评估，这包括对有形资产如土地、建筑物、设备的价值估算，以及对无形资产如专利、技术、品牌的价值衡量。同时，该理论还应用于潜在投资项目的投资价值评估，涉及对未来现金流的预测、风险分析以及期权价值的计算。其次，在投资决策的研究层面，实物期权理论为投资者提供了一种更为灵活和动态的决策方法。关于投资规模决策，实物期权理论帮助投资者在不确定性环境下，合理分配资源，以实现项目净现值或期权价值的最大化。而在投资时间节点选择方面，实物期权理论强调投资时机的把握，研究者在分析何时进行投资可以最大化项目期权价值的过程中，涉及延迟投资期权、放弃投资期权等策略的选择。此外，实物期权理论还关注投资决策的灵活性价值，即投资者如何在项目生命周期内根据市场变化和项目进展调整投资策略，以保持或提升项目价值。我国学者和实务界人士通过对实物期权理论的研究和应用，为企业投资决策提供了科学依据，助力我国资本市场完善和投资环境优化。

这些研究成果在房地产、能源、高科技产业等多个领域得到了广泛应用，为企业投资实践提供有效指导，降低了投资风险，提高了投资效益。实物期权理论在国内的应用，为我国创新创业事业的发展注入了新的活力，有助于构建更加健康、有序的创新创业生态系统。在价值评估方面，黄凯（1998）在研究企业战略投资时，引入了实物期权的思想。他的研究为企业提供了一种新的视角，用于评估那些包含不确定性和灵活性的长期投资项目，从而更好地理解投资决策中的时机选择和价值创造。假定项目价值同时服从布朗运动和泊松跳跃，王艺祥（2007）对飞利浦项目进行了研究，并对生产阶段进行了划分，这种方法考虑了市场价值的连续变化和可能的突变，为复杂项目的价值评估提供了更为精确的工具。廖作鸿（2007）对矿业投资进行实物期权建模分析。他的研究强调了在不同生产阶段，矿业项目价值的变化和期权特征，为矿业投资决策提供了更为科学的评估方法。利用二项式方法，张夕勇等（2008）研究了汽车项目的多阶段投资问题。他们的研究展示了如何通过二项式模型来模拟汽车行业的投资决策，以及如何在不同阶段利用实物期权来优化投资策略。朱秀丽（2011）使用最基础的 B-S 模型研究了铁路地下化项目的投资问题。她的研究证明了经典金融期权定价模型在实物期权应用中的适用性，并为类似基础设施项目的投资评估提供了参考。张金锁等（2013）识别出煤炭资源投资中的多种期权，认为其是一个复期权问题，简单的净现值加和方法不能解决该类问题。强调了实物期权方法在处理复杂投资决策中的重要性。任杰（2014）利用实物期权方法，分析了矿业项目价值的影响因素。他的研究为理解矿业项目的价值驱动因素提供了新的视角，并帮助投资者和决策者在面对矿业投资时，更好地评估项目的潜在价值和风险。

在投资时间决策方面，范龙振和唐国兴（1998）认为投资的机会价值是由时间选择的不确定性带来的。他们的研究强调了在投资决策中，把握正确的投资时机对于最大化项目价值的重要性。温晓芳（2004）基于历史数据建立了数学模型，假设半导体产业投资项目价值服从几何布朗运动，研究了最优时间投资节点。通过这一模型，她研究了在不确定性环境下，如何确定最优的投资时间节点，以实现投资收益的最大化。利用实物期权定价理论，黄生权（2006）建立了项目最优投资时机模型。该模型为投资者提供了一种量化投资时机选择的方法，帮助他们在不确定性中寻找最佳的投资机会。连续时间下，阳军（2010）研究了项目的最优时机决策模型。他的研究为理解投资时机的动态变化提供了理论支持，并为实际操作中的投资决策提供了指导。利用实物期权定价理论，严伟（2015）对开发商的项目开发时机进行建模分析，研究其机制。这项研究为房地产开发过程中的时机选择提供了理论依据，有助于开发商在激烈的市场竞争中做出更合理的决策。另外，在投资时间、规模和其他方面，夏晖（2005）研究了不完全竞争情形下的投资决策均衡条件，分析了序贯和抢先均衡模型。并探讨了序贯和抢先均衡模型。他的研究为理解竞争环境中的投资策略提供了新的视角。利用实物期权定价理论，冯宗宪和谈毅（1998）分析了企业现期最优投资规模。该研究为企业如何在不同的市场条件下确定投资规模提供了决策参考。利用实物期权定价理论，梁伟和王守清（2012）研究了地铁的投资决策问题，对投资决策进行一定程度的优化。他们的研究为大型基础设施项目的投资评估提供了新的方法。卢长利和向方霓（2004）将期权思想应用到创业投资中。他们的研究为创业投资中的风险管理提供了新的思路，帮助投资者更好地评估创业项目的潜在价值和风险。

这些研究不仅在理论上推动了实物期权在投资决策中的应用，而且在实践中为不同行业和企业提供了实用的决策工具和方法，帮助它们在不确定的市场环境中做出更明智的投资选择。

1.3.1.3 研究评述

综上所述，国际学术界对实物期权的研究已经达到了一个较为成熟的阶段，这一领域的研究内容主要分为理论研究和应用研究两大板块。在理论研究的范畴内，学者们对实物期权的探讨深入而广泛，不仅包括定价模型的构建和优化，如 Black-Scholes 模型及其变种在实物期权中的应用，还涉及实物期权的独特特性，如非交易性、不可复制性和多阶段决策等，以及这些特性对实物期权适用条件的界定。在应用研究方面，实物期权理论的应用范围极为广泛，它跨越了项目投资、企业估值、风险管理等多个实际操作领域。国际学者和专业人士通过将实物期权理论应用于具体的商业情境，为企业提供了更为精准的投资决策工具，帮助企业在不确定性环境中把握机遇，规避风险。相较之下，我国在实物期权领域的研究则具有一定的特色，研究重点偏向于实物期权的实际应用。我国学者在价值评估和投资决策两个方面的研究尤为突出，他们致力于将实物期权理论本土化，使其更好地适应我国特有的市场环境和经济条件。在这些研究中，我国学者不仅成功地将实物期权理论应用于房地产评估、能源项目投资、高新技术企业估值等多个领域，而且在实践中不断探索和创新，为我国企业的战略规划和投资决策提供了有力的理论支持和实践指导。这些研究成果不仅丰富了实物期权理论的应用范畴，也为我国经济的持续健康发展贡献了智慧和力量。

在价值评估方面，国内的研究主要涉及对现有实物资产的价值评估，以及投资项目潜在价值的评估。这些研究帮助企业和投资者更准确地衡量资产的真实价值，为投资决策提供了重要的参考依据。而在投资决策方面，研究焦点则集中在确定投资规模和选择投资时间节点上。实物期权作为一种处理不确定环境下投资和价值评估问题的有效方法，成功地解决了传统净现值法在处理期权价值时所面临的局限性，避免了期权价值的浪费和流失，从而使项目或企业的所有者能够获得更大的收益，并能够做出更为正确的决策。然而，现有的实物期权研究尚未充分考虑到创业企业加入众创平台后，众创平台所获得的优先投资权利这一特殊情境。此外，在实物期权建模过程中，对于双主体或多主体之间的博弈问题也缺乏深入的研究。这些问题的存在限制了实物期权理论在实际应用中的广泛性和准确性。

鉴于实物期权理论在国际上的成熟应用以及我国学者在实物期权应用研究方面的进展，本书旨在以往研究的基础上，进一步拓展和深化实物期权在众创平台投资决策领域的应用研究。本书将特别关注众创平台在特定情况下获得的优先投资权利，这种权利作为一种特殊的实物期权，对于投资决策具有重要的价值。在研究方法上，本书将尝试构建一个包含双主体或多主体博弈的实物期权模型。这一模型将充分考虑众创平台、创业企业以及风险投资机构等多方参与者的互动关系，以及他们在投资决策过程中的利益冲突和协同合作。通过分析这些主体之间的策略互动，我们旨在揭示众创平台投资决策的深层次机制和影响因素。通过这些探索和研究，我们期望能够为众创平台的投资决策提供一套更为精确和实用的分析工具。这套工具将有助于众创平台在面临不确定性时，更好地评估投资项目的价值，制定合理的投资策略，并在适当的时候行使优先投资权。此外，本书的研究成果也将为创业企业、风险投资机构与众创平台之间的合作提供更为深入的理论支持。这将有助于各方更好地理解合作过程中的风险与机遇，从而促进更加稳定和高效的合作关系的建立。总之，本书的研究不仅有助于丰富和完善实物期权理论体系，填补其在众创平台投资决策领域的应用空白，而且将对实践中的投资决策提供积极的指导作用。这对于推动我国众创平台的发展，促进创新创业生态系统的优化，以及支持我国经济结构的转型升级具有重要的理论和实践意义。

1.3.2 道德风险规制研究评述

1.3.2.1 国外研究现状

道德风险指的是契约合同中的某一参与方将要面临另一参与方不遵守契约所带来的风险。是经济学与金融学中的一个核心概念，它描述了在契约合同关系中，由于信息不对称，一方参与人可能会采取不利于另一方的行动，从而导致对方承受不必要的风险。具体来说，这种风险涉及合同一方的行为对另一方产生潜在的负面影响，其中，不遵守合同条款的行为可能是出于自利动机，例如偷懒、欺诈或其他机会主义行为。Jewitt 等（2008）指出，在委托代理模型的研究问题中，道德风险是研究的重中之重。在委托代理框架下，道德风险问题尤为突出，这是因为代理人在追求自身利益最大化的同时，可能会牺牲委托人的利益。因此，如何设计有效的激励机制来缓解道德风险，成为委托代理理论研究的焦点。该理论在现实中的应用极为广泛，例如企业管理、金融合约以及政府规制等多个领域。双边道德风险首先被 Reid 于 1977 年提出，他指出在许多合同关系中，不仅代理方可能存在道德风险，委托方同样可能采取损害代理方利益的行为。这种双向的道德风险增加了合同关系的不确定性和复杂性。之后，Ross 于 1989 年对其进行了定义，他认为，当合同双方都有能力采取行动影响对方的期望收益，并且至少有一方有可能采取不利于对方的行动时，就存在双边道德风险。在这种情形下，双方可能因为对方的潜在不良行为而面临损失，因此，如何在合同设计中平衡双方的利益，防止道德风险的发生，成为理论和实践中亟待解决的问题。在此基础上，后续的研究者进一步探讨了各种监督、激励和契约设计机制，以期在承认信息不对称和个体自利行为的前提下，尽可能地降低双边道德风险，保障合同关系的稳定性和效率。此后，在委托代理建模研究中，双边道德风险问题的研究总是会成为各学者注重研究的一个视角。Repullo 和 Suarez（2004）利用双边道德风险建模的方法，研究了创业投资问题。他们采用了双边道德风险建模的方法，深入探讨了创业投资领域中的风险与激励问题。他们的研究模型考虑了投资者与创业企业家之间的互动，其中，投资者担心企业家可能存在的机会主义行为，如资金滥用或信息隐瞒，而企业家则担心投资者可能违约或撤资。通过构建这一模型，Repullo 和 Suarez 分析了在创业投资过程中，如何通过契约设计平衡双方的利益，从而有效管理双边道德风险，促进投资项目的成功。Casamata（2003） 及 Inderst 和 Müller（2004）从该视角对契约合同的制定进行了研究；也从双边道德风险的视角出发，对契约合同的制定进行了深入探讨。他们的研究聚焦于如何通过合同条款的设计，减少信息不对称带来的道德风险问题。他们提出了一系列合同机制，如绩效奖金、股权激励以及监督条款等，旨在降低合同双方的机会主义行为，保障合同执行的效率和公平性。Sahlman 认为可以通过资金的阶段性投入以规避合同参与方的道德风险。Sahlman 在其研究中提出了一个创新的观点，即通过资金的阶段性投入来规避合同参与方的道德风险。他认为，相比于一次性投入大量资金，分阶段投资可以更好地监控项目进展，并根据实际情况调整投资策略。这种做法不仅能够减少投资者因企业家道德风险而遭受的损失，同时也能激励企业家更加负责任地管理项目，因为后续资金的获得取决于前期业绩的评估。Sahlman 的这一理念在实践中得到了广泛应用，尤其是在风险投资领域，阶段性的资金投入已成为一种常见的风险管理策略。通过这种方式，投资者能够在不完全信息的环境下，有效地缓解双边道德风险，促进投资双方的长期合作和共赢。Houben（2004）、Casamatta（2003） 等主要从风险投资的作用、双方信息披露程度等角度来说明双边道德风险及其防范和契约设计的重要性。学者们主要从风险投资的作用和双方信息披露程度这两个关键角度，深入阐述了双边道德风险的问题，以及如何防范这种风险和契约设计的重要性。他们认为，在风险投资领域，投资者和企业家之间的信息不对称是导致双边道德风险的主要原因。投资者可能担心企业家隐瞒关键信息或不恰当地使用资金，而企业家则可能担心投资者不履行承诺或干预过多。因此，Houben（2002）、Casamatta（2003）的研究强调了通过提高信息披露程度和设计有效的契约条款来降低这些风险，确保投资双方的利益得到平衡和保护。Yin 等（2016）研究了信息筛选与最优合同中的双边道德风险问题。进一步探讨了信息筛选与最优合同设计中的双边道德风险问题。他们分析了在合同签订前，如何通过有效的信息筛选机制识别和减少潜在的道德风险。研究指出，通过精确的信息收集和评估，可以设计出更优的合同条款，从而降低合同执行过程中的道德风险，提高合同效率和双方满意度。Tatsuhiko 等（2015）研究了基于盈余的版税中的双边道德风险问题。他们的研究分析了在这种合同安排下，如何通过盈余分配机制激励合同双方诚实守信，减少道德风险的发生。他们提出，通过设计合理的盈余分享规则，可以确保双方在项目成功时都能获得相应的回报，同时也能够在项目失败时共同承担风险，从而有效地缓解双边道德风险，促进合同的稳定执行和双方的长期合作。这些研究不仅为理解双边道德风险提供了理论依据，也为实践中的契约设计提供了有益的指导。Sajal 等（2012）研究了带有支付约定和信贷约束的国际合资企业的双边道德风险问题，针对带有支付约定和信贷约束的国际合资企业，探讨了其中的双边道德风险问题。他们分析了在国际合资企业的运营中，合作伙伴可能因为信息不对称和支付约定的不明确性而产生道德风险，尤其是在信贷约束的情况下，这种风险更为显著。研究表明，通过设计合理的支付结构和信贷条款，可以有效地降低合资企业中的双边道德风险，从而保障各方利益，促进合资企业的稳定发展。股权契约中同样存在道德风险与双边道德风险。股权契约中的各方可能因为信息不对称和利益冲突而产生道德风险，这可能导致契约执行不畅，甚至合作关系的破裂。因此，如何通过契约设计防范和管理这些风险，成为股权契约研究中的重要议题。Xu 等（2011）基于双边道德风险与双边逆向选择研究了研发外包机制，基于双边道德风险和双边逆向选择的视角，研究了研发外包机制。他们的研究指出，在研发外包合同中，委托方和承包方都可能存在道德风险和逆向选择的问题，这会影响外包合同的效果和研发项目的成功率。通过分析这些风险，Xu 等（2011）提出了改进外包合同设计的建议，以促进双方诚信合作，提高研发效率。Hou（2011）研究了双边道德风险下过度自信对供应链激励契约的影响，他们的研究揭示了供应链管理中一个重要但常被忽视的因素——决策者的过度自信心理。这种心理可能导致供应链各方在契约执行过程中出现道德风险，从而影响了整个供应链的运作效率和稳定性。Hou W 和 Wang H（2011）的研究为理解供应链契约设计中的行为因素提供了新的视角，并为如何制定更有效的激励契约提供了理论依据。这些研究不仅丰富了双边道德风险的理论体系，也为实际经济活动中的契约设计和风险管理提供了实用的指导。

1.3.2.2 国内研究现状

在国内，谢志华（2007）认为道德风险规制实际上是一种风险控制，但风险控制针对的是人，而不是物和事。他认为，道德风险规制实际上是一种风险控制策略，但其特殊性在于，这种控制的对象是人的行为，而非物或事。在他看来，道德风险的核心在于人的不确定性，即人的行为可能偏离既定的契约规定，从而带来潜在的风险。因此，道德风险规制需要更加注重对人的行为动机和道德选择的考量。甚至有些论著就提出委托代理理论主要是研究道德风险问题的。有学者明确提出，委托代理理论的核心议题之一就是研究道德风险问题。这一理论框架为分析契约关系中信息不对称所导致的道德风险提供了有力的分析工具，帮助人们更好地理解在委托代理关系中，代理人可能因为自利行为而损害委托人利益的现象。张米尔和武看友（2001）认为，产学研合作过程中的委托代理关系存在道德风险问题。他们指出这种合作模式中的委托代理关系同样存在道德风险问题。产学研合作涉及多方主体，包括企业、高校和研究机构，信息不对称和目标不一致可能导致合作过程中的道德风险，影响合作效率和成果转化。张雷和陈东平（2018）研究了生产合作声誉与信用合作中的道德风险控制问题。他们专注于生产合作声誉与信用合作中的道德风险控制问题。他们通过实证分析，探讨了在生产合作和信用合作中，如何通过建立良好的声誉机制控制道德风险。研究表明，声誉作为一种隐性契约，能够在一定程度上约束合作双方的行为，减少道德风险的发生。这些研究不仅丰富了道德风险理论在本土情境下的应用，也为实践中的风险管理提供了有益的参考。傅虹桥等（2017）研究了健康水平与医疗保险中的事前道德风险问题。深入探讨了事前道德风险问题。他们的研究重点在于分析保险市场中，投保人在购买医疗保险前可能因为信息不对称而产生的道德风险行为，如隐瞒健康状况以获取更优惠的保险条款。通过实证研究，傅虹桥等揭示了健康水平对保险事前道德风险的影响，并提出了相应的风险管理措施，以促进保险市场的健康发展。罗鹏飞等（2017）对成熟型企业家的融资策略与道德风险及债务积压问题进行了研究。他们的工作聚焦于成熟企业家在融资过程中可能面临的道德风险问题，以及如何通过合理的融资策略来规避这些风险。研究还探讨了债务积压对企业发展的影响，以及企业家如何平衡债务融资与道德风险之间的关系，以实现企业的长期稳定发展。何小伟和肖宇澄（2017）将道德风险等因素引入网络互助平台，并研究了参与成本与风险的匹配问题。他们的研究指出，网络互助平台作为一种新兴的互助合作模式，虽然为参与者提供了风险分摊的机制，但也存在道德风险的问题。何小伟和肖宇澄通过分析参与者的成本与风险匹配情况，提出了改善网络互助平台运作效率、降低道德风险的建议，为网络互助平台的发展提供了理论支持和实践指导。詹国彬（2016）研究了公共服务外包中承包商的道德风险的形成原因，提出了相应的防范策略。他的研究分析了在公共服务外包过程中，承包商可能因为追求自身利益而忽视公共利益，从而导致道德风险的出现。詹国彬通过案例分析和理论推导，揭示了承包商道德风险的多重因素，包括信息不对称、合同设计缺陷、监督机制不足等。在此基础上，他提出了针对性的防范策略，如完善合同条款、加强监督和评估机制、建立激励机制等，以降低公共服务外包中的道德风险，保障公共服务的质量和效率。程春雨和钟田丽（2016）以道德风险规制为基础，研究了互助担保模型。他的研究聚焦于互助担保中的道德风险问题，分析了在互助担保模式下，担保成员之间可能存在的道德风险行为及其影响。程春雨和钟田丽通过构建理论模型和实证分析，探讨了如何通过有效的规制措施来防范和缓解互助担保中的道德风险，从而保障互助担保机制的稳定运行和成员的合法权益。颜节礼和王梦竹（2017）对信息不对称情境下公益创投活动中的道德风险规制问题进行了研究。他们的研究指出，在公益创投活动中，由于信息不对称，投资者和公益项目之间可能存在道德风险，这会影响公益资金的合理使用和项目效果的实现。颜节礼和王梦竹通过深入分析公益创投的运作机制，提出了一系列道德风险规制措施，包括提高信息透明度、建立有效的监督机制、设计合理的激励机制等，旨在提高公益创投的效率和效果，促进公益事业的健康发展。这些研究从不同的实践领域出发，对道德风险的形成、影响及其规制进行了深入探讨，为理解和解决现实中的道德风险问题提供了丰富的理论资源和实践指导。

郭文新和曾勇（2009）从双边道德风险规制的视角对创业者和风险投资家间的契约关系进行了研究。他们的研究着重分析了在创业投资过程中，双方可能因信息不对称而产生的道德风险，以及这种风险如何影响契约的设计和执行。通过对创业者和风险投资家之间互动的细致考察，他们提出了有效的双边道德风险规制策略，旨在平衡双方的利益，促进创业投资市场的健康发展。黄志烨等（2016）利用双边道德分析的思想，通过建模，研究了企业与银行间的契约合同关系。他们的研究考虑了企业在贷款过程中的道德风险行为，如财务信息隐瞒、贷款资金滥用等，以及银行可能存在的道德风险，如不合理的贷款条件或信贷配给。通过模型分析，黄志烨等的研究揭示了双方道德风险对企业融资和银行信贷决策的影响，并为制定更加合理的契约合同提供了理论依据。付辉和黄建康（2017）研究了双参与方的委托代理模型，并从双边道德风险规制的角度研究了他们之间的最优契约的制定问题和均衡问题。他们的研究关注于在委托代理关系中，如何通过契约设计有效地规制双方的道德风险，确保代理人的行为符合委托人的利益。付辉通过理论推导和数值模拟，分析了不同契约条款对双方行为的影响，以及如何实现双方利益的最大化和风险的最小化，为理解和解决委托代理关系中的道德风险问题提供了新的视角和方法。这些研究不仅丰富了双边道德风险理论的应用，也为实践中的契约设计和风险管理提供了有益的参考。刘新民等（2010）在双边道德风险规制模型中研究了解聘补偿机制对模型的影响机理，他们的研究通过构建数学模型，分析了在雇佣关系中，解聘补偿作为一种激励机制如何影响雇主和雇员的行为，以及如何通过这种机制来规制双方的道德风险。刘新民等的研究结果表明，合理的解聘补偿机制能够有效降低道德风险，促进雇佣关系的稳定性和效率。郑海超等（2015）、黄健青等（2017）对创业企业和众筹项目融资中的道德风险进行了建模分析。他们的研究聚焦于创业者和投资者之间的信息不对称问题，以及这种不对称如何导致道德风险的产生。通过构建模型，他们分析了创业企业在融资过程中的道德风险行为，如项目信息的隐瞒或夸大，以及投资者可能的风险规避行为。这些研究为理解和防范创业融资中的道德风险提供了理论支持和实证依据。王垒等（2015）首先提出了三边道德风险概念。将道德风险的研究从双边扩展到三边，考虑了更为复杂的多方互动关系。吴士健等（2017）在王垒等学者的基础上对生鲜电商三边契约中的道德风险问题进行研究，并引入过度自信因素。他们的研究分析了在生鲜电商平台上，供应商、平台运营商和消费者之间的互动如何影响道德风险的产生和规制。通过考虑过度自信这一行为经济学因素，吴士健等为生鲜电商行业的契约设计和风险管理提供了新的视角和策略。这些研究不仅丰富了道德风险理论的应用场景，也为实际经济活动中的契约设计和风险管理提供了实用的指导。

1.3.2.3 研究评述

综上所述，市场活动中的道德风险问题对经济和社会产生了深远的影响。

它不仅能够扭曲市场的正常运作机制，改变市场参与者的心理预期和行为模式，还可能加剧整个市场的系统性风险，影响市场的稳定性和健康发展。道德风险的存在，往往导致市场参与者的决策偏离效率最大化的原则，这不仅会造成资源的错配，还会导致整体经济效率的损失。作为一种重要的市场风险应对工具，道德风险规制理论与应用研究在学术界和实践界均已取得了显著的研究成果。这些研究成果不仅在理论层面为理解和防范道德风险提供了深刻的洞见，而且在实践层面为各行各业提供了有效的风险管理和控制策略。在投资领域，道德风险规制理论帮助投资者和投资机构更好地评估和管理投资风险，通过设计合理的契约结构和激励机制降低道德风险带来的负面影响。在契约制定过程中，道德风险规制理论指导契约双方如何通过明确条款和违约责任来防范潜在的道德风险问题。在团队管理方面，道德风险规制理论的应用有助于构建公平合理的激励和监督机制，从而提高团队成员的协作效率和忠诚度。在社会管理层面，道德风险规制理论的运用有助于政府和企业更好地理解和应对公共事务中的道德风险问题，如环境保护、食品安全等领域，从而保障社会公共利益。总之，道德风险规制理论与应用研究在多个领域的广泛应用，不仅有助于提升市场参与者的风险意识和管理能力，也为市场的健康运行和社会的和谐发展提供了坚实的理论和实践基础。随着市场环境的不断变化和新问题的出现，道德风险规制理论的研究和应用将继续深化，以适应经济社会发展的新需求。

　　道德风险规制的研究源起于对最基础的道德风险问题的探讨。随着时间的推移和学术研究的不断深入，该领域的研究经历了从单边道德风险规制到双边道德风险规制，再到三边道德风险规制的三个主要发展阶段。这一历程不仅反映了学者们对道德风险问题理解的逐步深化，也标志着道德风险规制理论的持续完善和其应用领域的不断扩展。在单边道德风险规制的研究阶段，学者们主要关注单一参与方如何在信息不对称的情况下采取行动以防止道德风险的发生。随后，双边道德风险规制的研究将焦点转向了两个参与方之间的互动，探讨如何在双方关系中有效规制道德风险。进入三边道德风险规制的研究阶段，学者们开始更加关注多个参与方之间的博弈问题，以及如何在更复杂的多边关系中实施有效的道德风险规制。三边道德风险规制理论为处理多参与方博弈中出现的道德风险问题提供了新颖的视角和解决方案。该理论通过构建多边契约和监督机制，旨在实现各方利益的平衡，减少信息不对称的问题，降低道德风险，进而推动市场交易的公平性和效率性。三边道德风险规制理论的提出和应用，对于理解和解决现实经济活动中的复杂道德风险问题具有重要意义。它不仅为理论研究提供了新的方向，也为实践中的契约设计、风险管理以及政策制定提供了有力的理论支持和操作指南。

通过对三边道德风险规制的研究，我们不仅能够更深入地洞察在涉及多个参与方的复杂情境中，道德风险是如何产生、扩散及其对市场和社会经济造成影响的，还能够为实际的市场运作提供切实可行的规制策略和解决方案。这些研究成果在多个层面上展现出其重要性：在理论层面，它丰富了道德风险规制的理论体系，为理解复杂市场关系提供了新的视角；在实践层面，它为优化市场结构、增强市场功能、保护投资者权益以及推动社会经济的健康持续发展提供了有力的工具和策略。具体来说，三边道德风险规制的研究成果有助于揭示在多边交易中各参与方的行为动机、策略选择以及它们之间的相互作用，这对于设计更加合理有效的市场规则和契约结构至关重要。同时，这些研究成果还能够指导企业在面对复杂市场环境时如何制定更科学的决策，以降低道德风险带来的潜在损失。因此，继续深化对三边道德风险规制的研究，并将其理论成果推广应用于更广泛的经济活动领域，不仅是未来学术研究的重要趋势，也是政策制定者和市场监管者面临的重要任务。通过不断的研究和实践，我们有望构建更加完善的市场规制体系，促进市场公平竞争，保障各方利益，最终实现社会经济的和谐与繁荣。

1.3.3 风险投资决策研究评述

1.3.3.1 国外研究现状

作为创业企业的一种重要融资形式，风险投资对于初始的创业企业融资是最有效的途径，它不仅为企业提供了必要的启动资金，还带来了丰富的管理经验和市场资源，从而大幅提升了创业企业的成活率和成长潜力。贴现现金流法（DCF）作为一类较为成熟的静态投资评价方法，在普通的投资决策过程中可以为投资决策者提供简便易操作的投资方案；但在现代复杂多变环境下，DCF方法在投资决策评价中缺乏应用的灵活性。由于 DCF 方法依赖于对未来现金流的准确预测，而在现实世界中，这些预测往往受到市场波动、技术变革、竞争态势等多种不确定因素的影响，因此 DCF 方法在实际应用中可能无法充分反映这些动态变化。Luehrman（1997）将金融市场规则引入项目投资决策，认为项目投资的现金流是不稳定的，Luehrman 的观点强调了在投资决策中考虑现金流波动性和期权价值的重要性，即投资者应当认识到投资项目不仅仅是一系列预定的现金流入，而是一个包含多个选择权的动态过程。这种观点为投资决策者提供了一种更为全面和灵活的思维方式，帮助他们在面对不确定性时做出更为合理的投资选择。因此，现代的投资决策评价方法越来越注重对市场动态的适应性和对不确定性的管理，而不仅仅是依赖于静态的现金流预测。至此，在复杂的不确定投资战略制定中，传统的 DCF 方法基本被实物期权定价方法所取代。风险投资可以选择对处于不同阶段的企业进行投资。Mike 等（1998）在研究中发现，风险投资资本在企业成熟期投资的投资回报要远高于其他时期。他们的研究指出，在企业成熟期，由于业务模式已经得到市场验证，收入和利润增长趋于稳定，因此风险投资家在这个阶段进行投资，往往能够获得更高的投资回报。这一发现对于风险投资策略的制定具有重要的指导意义，提示投资者在企业的不同发展阶段应当采取不同的投资策略。但 Bygrave和 Timmons（1999）从投资成功率的角度，通过统计分析发现，风险投资机构将资金投入到萌芽期和成长期的创业企业，更能够成功地获得投资回报。他们认为，尽管成熟期企业的投资回报可能更高，但是风险投资机构将资金投入到萌芽期和成长期的创业企业，实际上更能够成功地获得投资回报。这是因为萌芽期和成长期的企业虽然风险较高，但一旦成功，其回报潜力巨大，且风险投资家可以通过参与企业的早期发展，帮助企业塑造商业模式，从而提高投资的成功率。Masona 和 T Harrison（2002）认为分阶段投资可以降低投资风险，但是研究结果发现，划分投资阶段对风险投资的收益并无显著影响。分阶段投资允许风险投资者根据企业发展的实际情况逐步投入资金，从而减少一次性投资可能带来的高风险。然而，Masona 和 T Harrison 的研究结果却发现，尽管分阶段投资在理论上能够降低风险，但实际上，划分投资阶段对风险投资的最终收益并无显著影响。这一发现表明，风险投资的收益可能更多地取决于投资项目的质量和市场环境，而不仅仅取决于投资阶段的划分。这些研究为我们理解风险投资在不同企业发展阶段的收益和风险特征提供了宝贵的视角，也为风险投资者在实际操作中如何平衡收益和风险提供了理论依据。Manigart 等（2002）通过实证研究，选取了五个发达国家超过 200 家有名的风投机构作为研究样本，研究了这些风险投资机构的风险投资回报水平，研究结果发现，独立自主的风险投资机构的风险投资回报率要显著高于那些附属的风险投资机构的投资回报水平。研究表明，那些独立自主的风险投资机构，在风险投资回报率上要显著优于附属的风险投资机构。这一结果可能归因于独立风险投资机构在决策上的灵活性、市场敏感度以及对创新项目的关注程度。独立风险投资机构通常能够更快速地响应市场变化，更有效地评估和投资创新项目，从而获得更高的投资回报。而附属的风险投资机构可能受到母公司策略、内部审批流程以及风险管理框架的限制，这些因素可能会影响它们在投资决策上的效率和效果。Manigart 等的研究不仅为风险投资行业提供了关于投资回报的重要见解，也对于理解不同类型风险投资机构的运营模式和投资策略有着重要的参考价值。此外，这一研究对于潜在的投资人、政策制定者以及风险投资机构自身来说，都是极具启发性的，它们可以根据这些研究成果来优化投资结构，提高投资效率和回报率。

1.3.3.2 国内研究现状

在国内，范柏乃（2002）通过对多风险投资机构相关成员进行了问卷调查，研究了风险资本退出因素、风险资本的退出方式与时机和风险资本的持股年限。他的研究主要关注风险资本的退出机制，包括退出的影响因素、退出方式的选择以及退出的时机。此外，范柏乃还探讨了风险资本在投资企业中的持股年限问题，分析了不同持股年限对投资回报和风险的影响。通过这项研究，范柏乃为理解我国风险投资市场中的资本退出策略提供了实证依据，并为风险投资机构在资本退出决策上提供了参考。钱苹和张帏（2007）对创业投资的投资回报率及其影响因素进行了实证分析，研究显示，投资资本的规模与回报率负相关。他们的研究基于大量的创业投资案例，通过统计分析，发现了一个有趣的现象：投资资本的规模与投资回报率之间存在负相关关系。这意味着，规模较大的投资资本并不总是能够带来更高的回报率，反而可能由于资金规模过大，导致投资决策的灵活性降低，从而影响了最终的回报率。钱苹和张帏的研究揭示了创业投资中资本规模与回报率之间的复杂关系，对于风险投资机构在资金配置和管理上提供了重要的启示。孙淑伟和俞春玲（2018）基于效率与效益视角，认为风险投资所占据的位置越有利，其投资公司的质量就越高。他们认为，风险投资机构在市场中所处的位置越有利，比如拥有更好的网络资源、更丰富的行业经验或者更强的品牌影响力，其投资的公司质量往往越高。这种位置优势有助于风险投资机构筛选出更具潜力的投资目标，从而提高投资的成功率和回报率。张根明和郑娣（2018）研究了基于创新资源配置的风险投资退出行为，认为风险投资通过对自有创新资源进行配置，可以实现在顺利资本退出的同时降低对企业的道德风险，发现风投机构的退出时机和退出速度主要受到资源投入量和配置策略的影响。他们提出，风险投资机构通过对自有创新资源的有效配置，不仅能够确保资本顺利退出，还能降低对企业可能产生的道德风险。研究结果表明，风险投资机构的退出时机和速度主要受资源投入量和配置策略的影响，这为风险投资机构在退出决策时提供了重要的参考依据，聂富强等（2016）引入网络嵌入性对风险投资退出进行了研究。他们探讨了风险投资机构在网络中的位置对其退出行为的影响，发现网络嵌入性对风险投资的退出时机和方式有着显著的作用。这一研究强调了社会网络在风险投资决策中的重要性。杨宜和李丽君（2017）用我国科技型上市企业数据研究了风险投资退出对企业创新的影响，发现风险投资的资本规模与其股份持有期以及企业发明专利申请数量存在显著正相关。这一结果表明，大规模的风险投资不仅能够为企业提供更长期的资金支持，还有助于促进企业的技术创新和知识产权积累。这些研究从不同的角度出发，为理解风险投资的行为模式和市场影响提供了多维度的分析，对于风险投资机构、创业企业以及政策制定者都具有重要的参考价值。

吴兴海和罗国锋（2018）以创业企业创建过程为情境，通过构建数理模型研究了风险投资模式对创业企业努力程度的影响，发现较之一阶段投资模式，分阶段投资模式更能够提升创业企业努力的程度。他们的研究结果表明，与一阶段投资模式相比，分阶段投资模式更能有效地激励创业企业提高其努力程度。这种分阶段投资模式通过设置一系列里程碑，为创业企业提供了阶段性的资金支持，同时要求企业在每个阶段达成特定的目标和成果。这种模式不仅降低了投资者的风险，还增加了对创业企业的监督和激励，从而促进了创业企业更加专注和努力地推进项目发展。康永博等（2017）对信息披露制度、利益相关者治理与公司风险投资披露间的关系进行了研究，认为内部公司治理对信息披露制度的作用应当考虑具体的信息披露情境。他们的研究指出，内部公司治理对信息披露制度的有效性有着重要影响，而这种影响应当根据具体的信息披露情境来考虑。研究认为，公司治理结构的不同可能会影响信息披露的质量和透明度，进而影响到风险投资的决策和绩效。因此，对于风险投资机构而言，理解和适应不同公司的治理环境是提高投资效率和保护投资者利益的关键。董静等（2017）通过实证研究，研究样本选取了我国各地的风险投资数据，研究总结了风投机构的决策制定与风投和创业企业间地理位置间的关系。研究发现，地理位置的远近对风险投资决策有着显著影响。例如，地理位置较近可能有助于风险投资机构更好地监督投资企业，降低信息不对称带来的风险，同时也便于更频繁的交流和合作。这一研究为理解风险投资的地域性特征提供了实证依据。苟燕楠和潘强（2013）研究了风险投资时机对企业技术创新的影响机理。他们的研究分析了风险投资在不同阶段的介入对企业技术创新活动的影响，发现适时的风险投资能够显著促进企业的技术创新。研究指出，风险投资不仅为企业提供了必要的资金支持，还带来了市场、管理等多方面的资源和经验，这些都有助于推动企业技术创新的进程。因此，理解和把握风险投资的时机对于促进企业技术创新具有重要意义。这些研究从不同的角度出发，深入探讨了风险投资与创业企业之间的关系，为风险投资实践提供了理论支持和决策参考。通过这些研究，我们可以更好地理解风险投资如何影响创业企业的行为和绩效，以及如何通过有效的投资策略和管理措施来提升风险投资的效率和效果。

1.3.3.3　研究评述

综合以上分析，我们可以深刻理解到，风险在广义上是一种不确定性，它特指对未来事件的结果可能产生的不确定性。这种不确定性是风险的核心属性，它会对个人和组织的决策过程产生重要影响。风险的存在使决策者在面对多种可能结果时，必须考虑如何分配资源、如何选择行动方案，以及如何应对可能出现的负面后果。除了这种客观存在的不确定性，风险的另一个关键影响因素是参与人的主观判断。个体对于风险的认识、评估和应对策略往往受到其个人经验、知识水平、心理状态和风险偏好等因素的影响。这种主观性使风险分析变得更加复杂，因为它不仅涉及对客观事实的考量，还包括了对人的认知局限性的理解。在风险分析与风险投资决策的领域，主观判断的作用尤为突出。投资者在评估潜在投资机会时，需要对项目的风险和回报进行权衡。这种权衡过程依赖于投资者对市场趋势的预测、对项目成功可能性的判断以及对未来收益的预期。因此，风险分析不仅需要精确的数据和严谨的模型，还需要考虑决策者的主观判断和风险态度。总之，风险作为一种不确定性，其理解和处理需要综合考虑客观的不确定性和主观的判断。在个人和组织决策中，有效地管理和控制风险，需要一套系统的分析框架，以及对人的认知行为的深入理解。这有助于提高决策的科学性，降低因风险导致的潜在损失，并最终促进资源的优化配置和投资决策的有效性。

在国际学术界,风险投资领域的研究已经取得了丰硕的成果,这些研究成果覆盖了风险投资的多个维度,为理解和优化这一金融活动提供了深刻的洞见。首先,关于风险投资的盈利潜力,学者们深入探讨了平均回报率的问题。他们通过分析大量的投资案例,计算出风险投资的平均回报,并试图揭示这些回报背后的驱动因素。这些研究不仅展示了风险投资可能带来的高额收益,同时也指出了与之相伴的风险。通过这些分析,投资者可以更清晰地认识到风险投资在财务回报上的双重特性。其次,风险投资在不同企业发展阶段的角色和策略也是研究的重点。学者们详细考察了风险资本如何根据企业成长的不同阶段进行调整,从种子资金到成长资金的逐步投入,每一阶段的风险与机遇都被细致地剖析。这些研究帮助投资者理解何时介入企业的发展最为合适,以及如何根据企业生命周期来调整投资策略。在风险投资的退出机制方面,学术界的研究同样深入。研究者们分析了多种退出途径,包括通过上市、并购或其他方式来实现投资回报。这些研究不仅探讨了不同退出方式的优缺点,还提供了在实际操作中如何选择最佳退出策略的指导,确保投资能够在适当的时机以最佳方式变现。此外,投资规模的确定也是风险投资研究的一个关键点。学者们探讨了如何平衡投资额度与潜在回报之间的关系,以及如何在不增加过多风险的情况下,确定合适的投资规模。这些研究为投资者在资金配置上提供了实用的建议,帮助他们解决过度投资或投资不足的问题。

在国际学术界,研究者们通常采用问卷调查和统计分析的方法来探究风险投资的影响因素。问卷调查能够收集到风险投资者和企业家的一手信息,而统计分析如方差分析和线性回归分析则有助于从数据中发现规律,揭示风险投资活动的内在逻辑。这些研究成果对于风险投资实践具有重要意义。它们不仅为投资者提供了理论上的指导,帮助他们在复杂多变的市场环境中做出更加明智的决策,同时也为风险投资行业的发展奠定了坚实的理论基础。通过这些研究,风险投资者能够更好地把握市场脉搏,优化投资组合,从而在激烈的市场竞争中脱颖而出。

风险资本作为特殊金融资本，对创业企业的发展具有至关重要的作用，尤其是在为企业提供早期融资途径方面。国内学者们对风险投资领域的研究主要集中在风险投资的退出机制和风险投资模式的策略研究上。这反映了中国市场在风险投资方面的特殊需求和挑战，如资本市场的成熟度、投资退出机制的完善以及创新创业环境的优化等。在风险投资退出研究上，学者们关注如何通过合适的退出策略来实现投资回报的最大化，同时降低投资风险。而在风险投资模式策略研究方面，学者们探讨的是如何根据中国的市场环境和政策背景，设计出更有效的风险投资模式，以促进创业企业的成长和整个风险投资行业的发展。这些研究有助于推动我国风险投资实践的进步，也为政策制定者和市场参与者提供了宝贵的理论参考和实践指导。

1.4 主要研究内容

本书基于实物期权理论，研究众创平台投资决策问题，主要研究内容包括：

（1）针对众创平台的两阶段投资决策分析，本书采用了实物期权模型。在该模型中，众创平台通过向创业企业提供资金支持，从而获得相应的股权。本书旨在通过构建这一模型，探讨众创平台在创业企业不同成长阶段如何进行资金追加，并分析其最佳的投资决策机制（见图1.1）。

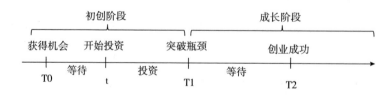

图 1.1 众创平台两阶段投资决策示意图

在创业企业的成长历程中，融资轮次如同一个个重要的里程碑，标志着企业发展的不同阶段。这些融资轮次不仅是企业逐步降低融资成本的必经之路，也是企业在资本市场中逐步成熟的过程。随着企业的逐步成长，其业务模式、市场定位和盈利途径逐渐清晰，使企业的融资需求也变得更加明确。在创业初期，企业可能对其资金需求只有一个模糊的概念，因此最初的融资轮次往往是为了验证商业模式和市场规模。随着企业的发展，后续的融资轮次更多地用于扩大业务规模、增强市场竞争力或进行产品研发。此外，融资轮次的安排也是出于实际可行性的考虑。对大多数创业企业而言，一次性筹集到大量资金并不现实。这不仅是因为企业在早期阶段可能难以证明其能够有效使用和管理大额资金，还因为投资者通常对初创企业持谨慎态度，不愿意一次性投入过多资源。众创平台和风险投资者在考虑投资时，总是将风险控制放在首位。他们明白，创业之路充满不确定性，因此不会轻易"将所有鸡蛋放在一个篮子里"。分阶段、逐步地进行投资，不仅能够有效分散风险，还能够根据企业的实际表现和市场需求调整投资策略。这种分阶段的投资方式，使创业企业能够在每个融资轮次中逐步展示其价值，同时也为投资者提供了更多的观察和评估机会。在这个过程中，企业可以通过实现一系列短期目标来建立投资者的信心，从而在后续融资轮次中获得更好的融资条件和更低的融资成本。总之，创业企业的融资轮次是其发展过程中的重要组成部分。它不仅帮助企业逐步降低融资成本，提高融资效率，也是投资者和企业双方在风险和机遇之间寻找平衡点的过程。通过这种分阶段、渐进式的融资策略，创业企业和投资者能够共同成长，最终实现双赢。

在考虑众创平台与创业企业之间独特的合作关系时，我们可以假设，在创业企业正式入驻众创平台的初始时刻 T0，众创平台便获得了一个初步的投资机会。这个投资机会允许众创平台在未来的某个时刻 t（其中 t>T0）决定是否实施投资。这个决策点是对创业企业初步评估和风险考量后的结果。

在 T1 时刻，随着创业企业成功突破发展中的关键瓶颈，它将进入一个快速成长的阶段。这一阶段的到来对众创平台而言，是一个重要的战略转折点，因为它获得了所谓的"等待期权"。这个"等待期权"赋予了众创平台在适当的时机进行进一步投资的权利，而不是义务。因此，众创平台需要仔细评估市场条件、企业表现以及潜在的回报率，以确定最佳的投资追加时机T2。这个时机的选择至关重要，因为它直接关系到投资回报的最大化和风险的最小化。通过这样的两阶段投资决策模型，众创平台可以更有效地管理其投资组合，同时为创业企业提供必要的资金支持，以促进其持续成长和成功。

（2）在深入分析众创平台的三边道德风险规制时，我们不可避免地关注到创业企业在财务系统上的相对独立性所带来的潜在问题。这种独立性虽然赋予了创业企业更高的运营自由度和灵活性，但也为道德风险的产生提供了土壤。具体而言，创业企业在追求自身利益最大化的过程中，可能会出现隐瞒实际收益情况的行为。这种行为背后的动机可能多种多样，如为了减少与投资者的分成，或是为了在下一轮融资中提高企业的估值。然而，无论出于何种目的，这种隐瞒行为都严重违背了商业诚信原则，破坏了市场的信任机制。更为严重的是，这种行为可能会对与之合作的其他一方造成实质性的经济损失，包括投资者、合作伙伴甚至消费者。此外，创业企业还可能采取另一种道德风险行为，即拒绝执行与众创平台之前约定的融资契约协议。这种违约行为可能表现为故意拖欠还款、擅自改变资金用途，甚至完全无视合同条款。这种行为损害了众创平台的利益，还可能对平台的声誉造成负面影响，进而影响平台的正常运营和其他创业项目的融资进程。为了应对这些道德风险问题，众创平台需要采取一系列规制措施。首先，建立健全的财务监督机制，确保创业企业的财务透明度，及时发现并纠正财务报表的不实之处。其次，加强对创业企业的合同约束，通过法律手段保障契约的执行，对违约行为进行严厉的惩罚。最后，众创平台还应通过教育和管理手段，提升创业企业的道德意识和责任感，从源头上减少道德风险的发生。总之，众创平台在促进创业企业发展的同时，必须警惕三边道德风险的存在，并通过有效的规制措施来保护各方的合法权益，维护健康的创业生态环境。

众创平台作为连接创业企业和风险投资机构的重要桥梁，其收益的稳定性与创业企业的经营成果密切相关。因此，为了降低潜在的道德风险，众创平台通常会采用签订契约的方式，对风险投资机构的行为进行约束，以确保投资资金的安全性和投资回报的可靠性。众创平台的监督机制是防范道德风险的重要手段，通过定期审计、业绩评估、财务报表审查等方式，对创业企业的运营状况进行有效监控，确保其合规运作，减少信息不对称带来的风险。这种监督机制不仅有助于保护风险投资机构的利益，也有助于促进创业企业的健康成长。然而，监督机制并非万能，也存在一定的局限性。一方面，众创平台与创业企业之间可能存在利益勾连的风险。在某些情况下，众创平台可能会与创业企业串通，通过不实的财务报告或业绩数据，误导风险投资机构，共同攫取投资资金。这种行为不仅损害了风险投资机构的利益，也破坏了整个创业投资市场的信任基础。另一方面，如果众创平台的监督不力，还可能出现更为严重的道德风险问题。例如，众创平台的管理层或工作人员可能会违规挪用风险投资机构的资金，用于其他非约定的风险投资项目，或者用于个人用途。这种挪用行为不仅会导致风险投资机构的直接经济损失，还可能引发连锁反应，影响其他创业企业的正常融资活动，甚至导致整个众创平台的信任危机。为了应对这些道德风险问题，众创平台需要进一步完善其监督和治理结构。这包括但不限于：加强内部审计和合规检查，确保监督机制的独立性和有效性；建立透明的决策流程和信息披露制度，提高运营的透明度；引入第三方监督机构，如会计师事务所或律师事务所，进行独立的外部审计；以及加大对违规行为的惩罚力度，包括法律追责和经济赔偿。通过这些措施，众创平台可以更有效地防范和管理道德风险，保护投资者的合法权益，同时为创业企业和风险投资机构提供一个公平、透明、健康的合作环境。

在风险投资的世界里，众创平台与风险投资机构之间的契约关系是维系双方合作的重要纽带。然而，风险投资机构在评估众创平台提供的契约所带来的风险与潜在收益时，有时可能会选择与创业企业进行私下交易。这种私下达成的合作契约，可能会对众创平台造成不小的冲击。当风险投资机构选择绕过众创平台，直接与创业企业建立联系时，他们可能会终止原有的委托代理合同。这种行为不仅会导致众创平台预期的收益落空，还可能引发一系列的经济损失。更为严重的是，这种私下交易的行为暴露了风险投资机构的道德风险，他们在追求更高回报的同时，忽视了契约精神和市场规则。这种做法对市场秩序的破坏是显而易见的。它不仅损害了众创平台的利益，还会让其他市场参与者对风险投资机构的诚信产生怀疑，进而影响整个市场的信任基础。众创平台作为连接投资者和创业企业的桥梁，其信任度和可靠性是其生存和发展的基石。一旦这种信任受到侵蚀，众创平台的地位和作用都会受到质疑。为了防止这种情况的发生，众创平台需要采取一系列措施，以保护自身免受道德风险的侵害。包括加强合同的约束力，确保风险投资机构在违反契约时面临严重的后果；加大监督力度，确保所有交易都透明可查；建立声誉机制，对那些遵守规则的投资机构给予奖励，对那些违规者进行曝光。总之，风险投资机构的私下交易行为是一个不容忽视的问题，它关系到众创平台的利益，更关乎整个风险投资市场的健康发展。通过有效预防和实施应对措施，可以保护众创平台的权益，维护市场的稳定和信任。

因此，对于众创平台而言，如何有效地规制三边道德风险，确保各方的权益得到保护，同时维护合作关系的稳定性和可持续性，是一个复杂且至关重要的管理挑战。这需要众创平台在设计契约时更加精细，制定出能够平衡各方利益的条款，并通过有效的监督和激励机制来降低道德风险的发生概率。

（3）基于实物期权的众创平台投资最优退出时机决策分析：当创业企业由萌芽期过渡到成熟期，众创平台将要考虑投资退出问题。以创业孵化为主要目的的众创平台，不可能永久持有创业企业的股权，而是会在合适的机会以合适的方式退出（见图1.2）。

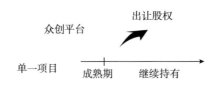

图 1.2 众创平台投资退出时机示意图

1.5 研究方法与技术路线

1.5.1 主要研究方法

众创平台投资决策研究是一项跨学科的综合课题，它融合了数学、经济学、管理科学与工程等多个领域的知识，因此本书将采用多种研究方法对众创平台的投资决策进行深入探讨。

（1）对比分析法：在本书的起始阶段，我们将采用对比分析法来系统梳理和审视现有的实物期权研究文献。通过对比不同学者的研究成果和观点，我们将识别出实物期权研究领域中的空白和不足，这将为我们的研究提供明确的方向和目标。具体而言，我们将对比分析实物期权在不同行业、不同投资场景下的应用情况，以及各种评估方法的优缺点。在此基础上，结合众创平台投资的具体特点，如高度的不确定性、创新的商业模式和快速迭代的产品开发等，我们将深入探讨众创平台投资项目价值的形成机制。我们将分析众创平台如何通过提供资源、网络和辅导等方式，促进创业项目的成长和价值提升。此外，本书还将探讨如何运用实物期权理论来更准确地评估众创平台投资项目的潜在价值，包括如何识别和量化众创平台投资中的期权价值，以及如何将这些价值纳入投资决策过程。

（2）实物期权理论：在完成对比分析之后，本书将运用实物期权理论对创业企业的收益流进行详细的分析。实物期权理论为评估和管理不确定环境下的投资提供了有力的工具,特别是在创业投资领域,其灵活性和适应性尤为重要。考虑到众创平台投资过程中所面临的风险,如技术风险、市场风险、管理风险等,以及市场环境因素,如竞争态势、政策变动、市场需求变化等,本书将构建一个适用于众创平台投资的实物期权定价模型。该模型将充分考虑众创平台投资的特点,包括投资项目的成长性、期权执行的不确定性和时间价值等。这个模型旨在为众创平台提供一个更为科学、合理的投资决策依据,帮助投资者在不确定性中寻找价值,优化投资组合,提高投资的成功率和回报率。此外,本书还将探讨如何将实物期权定价模型与实际投资决策相结合,以及如何通过模型指导众创平台在投资过程中的资金分配和风险管理。

(3)博弈分析法:众创平台的投资实施过程及其对风险投资机构和创业企业行为的影响,实际上是一个复杂的多方博弈过程。为了深入理解这一过程,本书将采用博弈分析法,这是一种研究决策主体在相互作用中如何做出最优决策的数学方法。我们将结合动态规划和非线性规划方法,这两种方法能够有效地处理具有时间动态性和非线性特征的问题,从而更准确地模拟现实中的投资决策环境。具体来说,本书将探讨众创平台的过度自信倾向如何影响其投资决策,以及这种倾向如何与其他因素相互作用。此外,我们还将研究收益共享比例、沉没成本以及市场不确定性等因素对投资决策的影响。通过博弈分析,我们将揭示这些因素如何作用于风险投资机构和创业企业的行为,包括它们如何影响投资规模、投资时机和投资策略的选择。更重要的是,我们将通过博弈模型来分析众创空间内三方——众创平台、风险投资机构和创业企业之间的博弈互动,探讨它们如何在不同情境下进行策略调整,以及这些策略调整如何影响最终的博弈结果。

(4)仿真模拟:在完成了模型的构建和理论分析之后,本书将进入实证分析阶段。我们将利用MATLAB这一强大的分析软件,对模型中的求解结果进行仿真模拟。MATLAB的仿真模拟功能允许我们通过调整模型参数,观察这些参数变化对投资决策结果的直接影响。通过仿真模拟,我们可以更直观地看到众创平台投资决策在不同情境下的变化趋势。例如，当市场不确定性增加时，投资决策将如何调整；当沉没成本发生变化时，投资策略将如何相应改变。这些模拟结果将为众创平台提供更具体和实用的投资策略建议，帮助它们在复杂多变的市场环境中做出更加科学和合理的投资决策。此外，仿真模拟还可以帮助我们识别模型中的潜在缺陷和改进空间，为未来的研究提供方向。通过这种结合理论与实践的研究方法，我们期望能够为众创平台的投资实践提供有力的理论支持和操作指南。

综上所述，本书将通过对比分析法、实物期权理论、博弈分析法和仿真模拟这一系列方法论的综合运用，旨在构建一个全面、科学的研究框架，以指导和优化众创平台的投资决策过程。这个研究框架不仅考虑了众创平台投资项目的价值形成机制和潜在价值评估，还深入探讨了投资决策中的多方博弈互动和市场环境的不确定性因素。通过将这些方法有机结合，本书旨在实现以下几个目标：

首先，填补实物期权研究在众创平台投资领域的空白，为众创平台提供更为精准的项目价值评估工具。其次，通过博弈分析，揭示众创平台、风险投资机构和创业企业之间的相互作用和策略选择，为理解投资决策背后的行为逻辑提供理论依据。最后，利用仿真模拟技术，为众创平台提供具体的投资策略建议，帮助其在实际操作中应对复杂的市场变化。本书将通过对比分析法、实物期权理论、博弈分析法和仿真模拟这一系列方法论的综合运用，旨在构建出全面、科学的研究框架，以指导和优化众创平台的投资决策过程。这个研究框架不仅要考虑到众创平台投资项目的价值形成机制和潜在价值评估，还要深入探讨了投资决策中的多方博弈互动和市场环境的不确定性因素。通过这些方法的有机结合，本书旨在实现以下目标：促进众创平台投资决策的科学化和合理化，提高投资效率和成功率，从而为众创平台的长远发展提供支持。通过对投资决策过程的深入研究和实证分析，本书期望能够为众创平台提供一个更加坚实的理论基础，帮助其在激烈的市场竞争中脱颖而出，为我国创新创业生态系统的繁荣和发展贡献力量。此外，本书的研究结果还可以为政策制定者提供参考，以便他们更好地制定相关政策，促进众创平台健康、有序的成长。

1.5.2　技术路线图

根据本书的主要内容制定技术路线图，如图 1.3 所示。

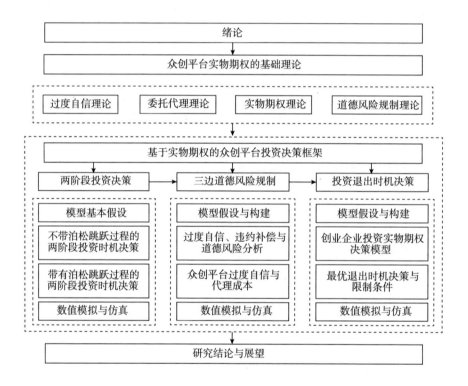

图 1.3　本书技术路线

2 相关概念界定和理论基础

2.1 概念界定

2.1.1 创业孵化器

创业孵化器作为一种特殊的企业形态，专注于为创业企业和初创项目提供全方位的支持与服务，在当今的创新创业生态系统中所扮演的角色至关重要。这个角色为创业者提供了办公的物理空间，更重要的是，它构建了一个集多种功能和服务于一体的综合性平台，成为创业生态链中不可或缺的一环。这个集中空间或称为创业者的摇篮，它融合了办公设施、会议室、实验室等硬件资源，同时提供了更为关键的软件服务，如创业指导、市场分析、融资对接、法律咨询、人力资源管理等。它的核心宗旨是全方位地支持创业企业，帮助这些企业在充满挑战的初创时期获得必要的"营养"，从而能够健康成长。创业孵化器通过为创业企业提供这些资源和服务，旨在助力它们克服资金短缺、市场经验不足、管理能力有限等初创时期普遍面临的困难。在这个过程中，孵化器为企业提供了成长的土壤，还通过搭建交流平台，促进了创业者之间的思想碰撞和资源共享，增强了企业的创新能力和发展潜力。提高创业企业的生存率和成功率是创业孵化器的首要目标。通过孵化器的培育，许多创业企业得以在激烈的市场竞争中站稳脚跟，逐步发展壮大。此外，创业孵化器还扮演着推动产业结构升级、促进就业和社会经济发展的重要角色。它通过培育一批又一批具有创新精神和成长潜力的企业，为整个社会的创新创业氛围注入了活力，为经济的可持续发展贡献了力量。因此，创业孵化器已经成为推动创业企业持续发展和壮大的重要力量，是创新创业生态系统中的关键节点。

在这个专为创业者打造的集中空间内，创业孵化器提供了全方位的支持服务，旨在为创业企业和初创项目创造一个有利于成长的环境。以下是一些核心服务内容：首先，办公空间和基础设施的支持是孵化器提供的最基本服务。这些服务包括提供现代化的办公桌椅、网络设施、会议室、打印复印设备等，为创业者打造一个稳定、舒适且具有专业氛围的工作环境。这样的环境不仅能够提高工作效率，还能增强创业团队的凝聚力和归属感。其次，业务咨询和指导服务是孵化器的重要组成部分。通过组建由行业专家、成功企业家、专业顾问等组成的导师团队，孵化器能够为创业企业提供市场分析、商业模式构建、战略规划等方面的专业意见。这些咨询服务有助于创业企业明确发展方向，规避潜在风险，提升企业的核心竞争力。最后，融资和投资服务对于创业企业来说至关重要。孵化器利用自身的网络资源和合作伙伴关系，帮助创业企业对接风险投资、天使投资人、私募股权基金等资金来源，解决创业初期的资金难题。此外，孵化器还可能提供股权众筹、贷款担保等金融服务，为创业企业的资金需求提供更多解决方案。此外，创业孵化器还定期举办一系列的培训和交流活动。这些活动包括创业沙龙、专题讲座、技能培训、案例分析等，旨在帮助创业者提升个人素质、专业技能和企业经营管理水平。通过这些活动，创业者不仅能学习到最新的市场动态和技术趋势，还能与其他创业者建立联系，促进交流与合作，拓宽业务视野和人脉网络。同时，孵化器还协助创业企业进行品牌推广和市场拓展。利用自身的媒体资源、合作伙伴人脉关系，以及展会活动等渠道，帮助创业企业提高品牌曝光度，扩大市场影响力。这种市场支持对于创业企业打破市场壁垒、快速占领市场份额具有重要意义。总之，创业孵化器通过这些多元化、综合性的服务，为创业企业和初创项目提供了一个全面成长的平台，极大地提高了创业成功的可能性，为整个创新创业生态系统注入了活力和动力。

总之，创业孵化器作为一个集多种功能于一体的集中空间，它的出现对于创业生态系统的完善和发展起到了不可替代的作用。这个平台的建立，极大地降低了创业的门槛，使更多的创业者有机会将创新的想法转化为实际的产品和服务。同时，它也提高了创业的效率，通过提供一系列专业化的服务和资源，帮助创业企业在竞争激烈的市场中快速成长。在这个平台上，创业企业能够获得从创立之初到成长扩张各个阶段所需的支持。无论是初期的公司注册、财务规划、市场调研，还是后期的品牌建设、市场推广、资本运作，创业孵化器都能够提供相应的服务和资源，帮助创业企业克服成长过程中的种种困难。

创业孵化器的兴起是创业生态系统中的一股清流，它以其独特的服务模式和资源整合能力，为创业者提供了成长的"温床"。在这个平台上，创业者不再是孤军奋战，而是得到了来自各方的支持和指导。孵化器内的企业不仅能够享受到政策上的优惠，还能够接触到行业内最前沿的资金和科技资源，这些有助于它们在竞争激烈的市场中站稳脚跟。在这个充满活力的环境中，创业企业得以快速成长。它们在孵化器的庇护下，减少了初创期的许多不确定性，能够把精力集中在产品和服务的研发上。这种专注和创新的精神，正是推动企业不断向前发展的动力源泉。孵化器提供的不仅是物理空间，更是一个思维碰撞、创意交流的社区，这里孕育着无数的可能性。同时，创业孵化器也是我国创新创业生态体系建设的重要一环。它通过搭建平台，促进了政府、高校、科研机构与企业之间的紧密合作，加速了科技成果的转化应用。在这个过程中，孵化器催生了一大批创新型企业，也为传统产业的升级改造提供了新的思路和方法。此外，创业孵化器在促进就业方面的作用也不容小觑。随着孵化器内企业的成长，它们为社会创造了大量的就业机会，特别是为年轻人提供了实现自我价值的舞台。这些企业的发展带动了区域经济的繁荣，也促进了产业链的完善和升级，为我国经济的可持续发展注入了新的活力。总之，创业孵化器作为创新创业的重要载体，已经成为推动社会经济发展的重要力量。它不仅帮助创业者实现了梦想，也为我国经济的转型升级提供了强有力的支持。在这个充满机遇和挑战的时代，创业孵化器将继续发挥其独特的作用，为构建更加繁荣的创业生态贡献智慧和力量。

综上所述，创业孵化器作为创新创业生态系统中的重要组成部分，它的价值和作用不容小觑。它不仅为创业企业提供了成长的土壤，也为整个社会的创新发展奠定了坚实的基础。总之，创业孵化器作为多功能的集中空间，它的存在极大地降低了创业门槛，提高了创业效率，为创业企业的成长提供了强有力的支持。在这个平台上，创业企业可以得到从创立到成长各个阶段所需的服务和资源，有效地提高了创业的成功率，为我国创新创业事业的发展贡献了巨大的力量。

2.1.2　众创空间

众创空间是以创业者个人的理想和民间需求为重要的原动力。众创空间具有独特的模式与特征：①社区自治是众创空间的主要运营方式；②尊重创客及其创意，倡导相互之间创意和成果的交流、分享与转化；③创新模式灵活、开放，注重资源整合；④创新的低成本性与便捷性；⑤利益的非追求与非排斥性。

众创空间与各类孵化器之间的关系如图2.1所示。

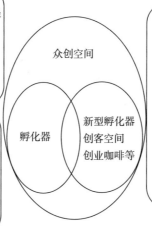

创业孵化器指的是能为创业企业提供资源及服务的企业，是一个集多种功能于一体的集中空间，可以为创业企业提供各类服务，从而提高创业成功率，使创业企业得到进一步发展

新型孵化器：近年来兴起的创客空间、创业咖啡、创新工场等，他们是一批由企业、创业投资机构、社会组织等共同组成的面向客户（创业企业、创客、群体）的新型孵化器

众创空间：中国政府给众创空间的最新定义主要可以概述为，为响应时代与政府号召，运用市场手段，结合资本与专业的优势，创建以创业孵化器为基础，面向更广泛群体，为创客、企业提供更专业服务的新型的创业服务平台

众创空间

孵化器

新型孵化器
创客空间
创业咖啡等

图 2.1 众创空间与各类孵化器之间关系示意图

众创空间作为一种创新的开放式平台，其主要目标是为广大的创客、创业企业等群体提供一个全方位的服务体系，包括但不限于专业的咨询、孵化等关键支持。在这个空间内，创客们不仅能够享受到一个充满活力的学习氛围，还能在一个自由的环境中尽情地发挥创造力。这样的环境为创客们提供了一个非常有利的学习和成长空间，他们可以在这里自由地探索、学习和实践，与空间内的其他人和群体进行深入的交流与合作，从而推动自身的持续发展和进步。在众创空间中，创客们可以与来自不同背景、拥有不同技能和经验的同行们进行深入的交流与合作。这种跨领域的互动不仅能够激发新的创意火花，还能够促进知识的共享和技术的融合，为创新项目的孵化提供了丰富的资源和动力。通过这种交流与合作，创客们能够不断提升自己的专业技能，拓宽视野，从而推动自身的持续发展和进步。此外，众创空间还常常举办各种工作坊、讲座、研讨会等活动，为创客们提供更多的学习机会和展示平台。这些活动不仅有助于创客们获取最新的行业信息和技术动态，还能够帮助他们建立起广泛的人脉网络，为未来的发展打下坚实的基础。

众创空间作为一个开放的学习空间，拥有独特的特点和优势。它的开放性为学习者、创客以及创业企业带来了前所未有的挑战和机遇。这种开放性并不局限于物理空间的开放，更深层次地体现在对各种创意和想法的接纳，以及对不同领域、不同专业背景人才的汇聚和融合。众创空间的开放性不仅体现在物理空间的开放上，更重要的是它对各种创意和想法的包容，以及对不同领域、不同专业人才的汇聚。这种跨学科、跨行业的交流与合作，为创新思维的激发和创意项目的孵化提供了丰富的土壤。在这个平台上，创客们可以接触到各种各样的观点和经验，从而拓宽视野，激发灵感，推动创新的发展。作为一个极具包容性的集合群体，众创空间能够吸引并集中来自各个行业、各个专业的人才，形成了一个多元化的知识交流和创意碰撞的环境。同时，作为一个服务型平台，众创空间能够为创业企业和创客提供必要的资金支持、技术服务，以及便捷的实验和学习设施，这些都是创客们实现创新和成长的重要条件。这些服务包括但不限于必要的资金支持、专业的技术服务、便捷的实验设施以及先进的学习资源。众创空间通过这些服务，为创客们提供了一个全方位的支持体系，帮助他们将创意转化为现实，将项目从概念阶段推向市场。此外，众创空间还提供了灵活的工作空间和资源共享机制，使创客们能够以较低的成本获取所需的资源，提高了创业的效率。在这里，创客们可以便捷地使用 3D 打印机、激光切割机等工具，进行快速原型制作和产品测试，这对于硬件创业尤为关键。

首先，众创空间特别注重培养学习者的实践能力和问题解决能力，鼓励创客们发挥自己的最大价值，挖掘自身的潜能，培养创新的思维方式。这种培养模式不仅有助于众创空间自身的持续发展，提升其整体服务质量，还能够为社会培养出更多具有创新精神和实践能力的优秀人才。其次，众创空间致力于培养创客个人面对问题、解决问题的能力，帮助他们形成积极向上的态度，以更好、更主动地应对未来可能遇到的不确定性和挑战。通过这种方式，众创空间不仅为创客们提供了一个学习和成长的平台，也为他们未来的职业生涯和创业之路奠定了坚实的基础。总之，众创空间以其独特的开放性、包容性和服务性，为创客和创业企业提供了一个宝贵的生态系统。在这个系统中，创客们可以自由地学习、创造和实践，不断地提升自己的能力和素质，同时也能够为社会的创新和发展做出贡献。众创空间的这些特质和努力，无疑将进一步提升其作为创新创业重要载体的地位和作用。最后，众创空间具有知识的共享优势，拥有培养创客跨素养的便利条件。在众创空间这个广阔的舞台上，创客们来自不同的专业和学科背景，他们在这个充满活力和创造力的环境中相互学习、相互借鉴。这里，每一位创客都将其独特的学术背景和研究成果带入交流与分享的过程，形成了一个知识丰富、创意交融的学习社区。在这个社区里，创客们不仅能够开阔视野，接触到跨学科的知识和技能，还能通过分享自己的学习与科研成果，为他人提供新的思考角度和解决问题的方法。

当面临特定的挑战或项目时，这些来自不同领域的创客们可以灵活地结合各自的专长和优势，组成跨学科的工作小组。他们通过取长补短、相互协作的方式，共同探索问题的解决方案，推进项目的进展。这种跨专业的合作模式不仅能够有效地整合资源，还能够激发出更多的创新火花，使创客们能够在合作中学习，在学习中成长。当众创空间的创客们面临特定的挑战或项目时，他们展现出了极大的灵活性和适应性。这些来自不同领域、拥有不同专业背景的创客们，能迅速地识别出彼此的专长和优势，并据此组建起跨学科的工作小组。在这样的团队中，软件工程师可以和机械工程师并肩作战，设计师的创意与市场营销专家的策略相得益彰，他们通过取长补短、相互协作的方式，共同探索问题的解决方案，共同推进项目的进展。这种跨专业的合作模式，不仅能够有效地整合人力和物力资源，还能够激发出前所未有的创新火花。在众创空间这个大熔炉中，创客们将各自的专业知识和技能相互融合，创造出全新的视角和方法，在合作中学习，在学习中成长。这种合作不仅是技能的叠加，更是一种思想和文化的碰撞，它为创新提供了源源不断的动力。

在这种合作氛围中，创客们的精神得以相互感染，他们的创意和热情在众创空间中得到充分的释放和升华。每一位创客都在为共同的目标贡献自己的力量，他们之间的合作不仅是资源和信息的共享，更是一种精神和情感的共鸣。在这个大家庭中，每个人都能够找到自己的定位和价值，共同为实现梦想而努力。通过不断地分享经验、交流想法，创客们的工作计划逐渐变得更加周密和高效。他们在这个过程中学会了如何更好地沟通、协调和解决问题，这些技能对于他们个人的职业发展来说是无价的。同时，这种集体的努力也催生出了一系列创新成果，这些成果往往具有很高的市场潜力和社会价值，为众创空间赢得了声誉，也为相关行业带来了颠覆性的变革。这些成果的诞生，不仅为创客个人提供了展示自我、实现自我价值的舞台，也为众创空间注入了源源不断的创新活力它吸引着更多的创客和投资者加入这个生态圈中，形成了一个良性的创新循环。更重要的是，这种合作和创新的精神具有极强的传播力。它不仅影响着众创空间内的每一位成员，也通过各种渠道传播到社会的各个角落。学校、企业、政府部门等社会各界都能从中汲取灵感，激发出更多的创新思维和行动。这种精神成为推动社会进步的重要力量，为经济发展、社会变革和文化繁荣提供了不竭的动力。在这种氛围的熏陶下，社会整体的创新意识和创新能力得到了显著提升，为我国从"制造大国"向"创新强国"的转变奠定了坚实的基础。众创空间成为创新创业的摇篮，培育出一批又一批的创新型人才和项目，为国家的长远发展贡献了无穷的智慧和力量。

在这种合作模式下，创客们的创新能力得到了极大的激发。他们不再局限于自己的专业领域，而是敢于跨越界限，将不同学科的知识和技术融合在一起，创造出新的解决方案。这种跨学科、跨领域的合作，不仅能够有效解决具体的技术难题，还能够激发前所未有的商业灵感，为市场带来颠覆性的新产品和服务。在这种合作氛围中，创客们能够及时发现市场需求的微妙变化，把握行业发展的脉搏。他们通过不断的试验和迭代，推动了现有技术的升级，还能在商业模式上实现创新，从而引领行业发展的新趋势。这种创新精神和实践能力，成为众创空间最核心的竞争力。众创空间作为一个开放的创新平台，它的价值体现在为创客们提供物理空间和基础服务，更在于它能够汇聚各类创新资源，搭建起一个高效的合作网络。这个网络中的每一个节点都是创新的源泉，每一次连接都可能擦出创新的火花。通过这种合作，众创空间已经成为推动社会进步的重要引擎。它帮助创客们将创意转化为现实，还为社会创造了大量的就业机会，促进了产业结构的优化升级。在这个过程中，众创空间自身也在不断成长和进化，逐渐成为创新创业生态系统中不可或缺的一部分。总之，众创空间通过促进跨学科、跨领域的合作，为创客们提供了一个展示才华、实现梦想的舞台，同时也为社会的科技进步、经济发展和文化繁荣贡献了巨大的力量。这种合作模式和创新精神，将继续在未来的众创空间中得到传承和发扬，为构建一个更加美好的世界提供源源不断的创新动力。

2.2 理论基础

2.2.1 实物期权理论

在实物期权这一概念被正式引入学术界和实践领域之前，金融期权已经经历了相当长的一段发展历史，其理论框架和实际应用已经广泛地被提出、深入探讨并且在实践中得到了广泛应用。从最早的期权交易雏形，到后来布莱克—舒尔斯模型（Black-Scholes model）的提出，金融期权理论逐渐成熟，成为现代金融学中的重要组成部分。实物期权与金融期权在理论和实践操作上具有许多相似之处，它们都基于期权定价理论，即都涉及对未来价值的选择权，允许持有者在未来的某个时点以特定的价格买入或卖出某种资产。这种选择权的价值是期权理论的核心，也是投资者进行决策时的重要依据。尽管实物期权在理论上是金融期权的一个分支，但是两者在本质上是有所区别的。这种差异主要体现在它们研究的对象上。实物期权关注的是实物资产的期权价值，这些资产通常是指具有物理形态的资产，如不动产、机械设备、原材料等，或者是无形资产，如专利、技术、品牌等。与此相对应地，金融期权的研究对象是证券、股票、债券等金融资产，这些资产不具备物理形态，其价值通常是基于市场预期和未来现金流的折现。实物期权的出现，为企业在投资决策中评估和管理不确定性提供了新的视角和方法。它允许企业考虑在不确定的市场环境中的灵活性，这种灵活性本身具有实用价值，可以在决策过程中为企业带来优势。因此，尽管实物期权与金融期权在理论基础上有着紧密的联系，但是它们在实际应用中的差异使实物期权成为一个独立且重要的研究领域。

实物期权作为一种实用的分析和决策工具，在处理和预测实物资产价值方面展现出其独特的优势和便利。它为企业提供了一种全新的视角，使企业能够更加灵活地应对不确定的市场环境。通过运用期权定价模型，企业能够对实物资产的未来价值进行量化评估，这极大地提升了投资决策的科学性和合理性。实物期权的应用不仅有助于企业规避因市场波动带来的潜在损失，而且成为了一种有效的风险管理手段。它允许企业对不确定的市场环境进行更为灵活的管理，通过期权定价模型评估实物资产的未来价值，从而做出更加合理的投资决策。这种工具的应用有助于企业避免因市场波动而导致的期权损失，为企业提供了一种风险管理的手段。此外，实物期权的应用还为企业管理者提供了一种创造经营柔性的方式。在充满不确定性的市场环境中，实物期权允许企业寻找和把握潜在的机会，保持在未来市场变化中采取有利行动的自由。这种柔性是企业应对市场波动和竞争压力的关键，它使企业能够根据市场情况的变化，及时且灵活地调整其投资策略，以最大化潜在收益。因此，实物期权是一种价值评估工具，更是一种战略性的决策支持工具，它帮助企业把握机遇，规避风险，最终实现利益的最大化。在实际操作中，实物期权的应用可以体现在多个方面，如投资项目的延迟、扩大或放弃决策，新产品的研发和市场推广，以及对企业扩张或收缩策略的选择等。通过对这些决策进行实物期权分析，企业可以更好地理解其资产的真实价值，以及在不确定性环境中的潜在机会和风险，进而做出更加符合企业长期发展战略的决策。总之，实物期权为企业提供了一种强有力的工具，帮助企业在激烈的市场竞争中保持优势，实现可持续发展。

（1）实物期权求解方法。

1）网络模型。

这种方法侧重于构建一个网络结构来模拟实物期权的决策过程，通常采用逆向求解（从期权到期日开始向前推算）的方式得到期权的解析解。网络模型能够清晰地展示期权执行的时间点和决策路径，适用于复杂的多阶段实物期权问题。网络模型的逆向求解过程允许研究者们从期权到期时的结果出发，逐步反推到每个决策点，考虑在每一个关键时刻应如何选择以最大化期权的价值。这种分析方式不仅能够揭示期权持有者在不同时间点的最佳行动策略，还能够展现各种决策之间的相互依赖关系。网络模型的优势在于它能够直观地展示出实物期权决策的复杂性和动态性。它不仅考虑了期权的时间价值，还考虑了市场条件变化对期权价值的影响。通过这种模型，决策者可以更加全面地理解实物期权的价值所在，以及了解如何在不确定性中寻找最佳的投资时机。此外，网络模型还能够提供期权的解析解，这对于理解期权价值的内在驱动因素至关重要。相比其他依赖于数值模拟的方法，网络模型能够提供更为精确的评估结果，帮助企业在面对多阶段投资决策时做出更加明智的选择。

2）期权定价解析解。

这种方法依赖于经典的布莱克—舒尔斯（Black-Scholes）模型或其他衍生模型直接求解期权的价值。它是实物期权求解中应用最广泛的方法之一，通过代入相关参数，可以快速得到期权的理论价值。这种方法的优点是简洁明了，但缺点是它需要对模型进行一定的假设，这些假设在现实情况中可能并不总是成立。布莱克—舒尔斯模型，以其简洁的数学形式和深刻的金融市场洞察力，成为期权定价解析解中的佼佼者。通过将标的资产的当前价格、执行价格、无风险利率、到期时间以及波动率等关键参数代入模型，投资者和金融分析师能够迅速得出期权的价值，从而为交易决策提供理论依据。解析解方法的优势在于其结果的精确性和计算的便捷性。它为金融市场参与者提供了一种快速评估期权价值的方式，特别是在需要对大量期权进行定价时，这一方法的效率尤为显著。此外，解析解的存在使期权定价的过程更加透明，有助于理解期权价值是如何随着市场条件的变化而变化的。然而，这种方法并非完美无缺。它的应用前提是对现实世界的一系列简化假设，如资产价格遵循几何布朗运动、市场不存在套利机会、交易无成本、利率和波动率为常数等。在现实复杂的金融市场中，这些假设往往难以完全满足，从而可能导致解析解与实际市场价值之间存在偏差。尽管如此，期权定价的解析解方法仍然是金融实践中不可或缺的工具。它的理论框架为后续的模型发展和修正奠定了基础，而其简洁的数学表达式也使它成为金融教育和研究的重要部分。通过不断地对模型进行细化和调整，金融工程师们正在努力使解析解方法更加贴近现实市场的复杂性，从而提高其在实际应用中的准确性和可靠性。

3）随机微分方程。

这种方法适用于处理更为复杂的期权定价问题，尤其是当期权价值受到多个随机因素的影响时。随机微分方程通常难以直接求得解析解，因此在实际应用中，研究者往往需要借助数值方法来近似求解。这种方法虽然不能提供精确的解析解，但是能够通过数值模拟来近似期权的价值，从而为决策提供依据。在实际操作中，这意味着我们不能直接通过数学公式来精确计算期权的价值。面对这一挑战，研究者们转而采用数值方法来近似求解这些方程。这些方法虽然无法提供精确的解析解，但是它们通过计算机模拟和计算，能够给出期权价值的合理估计，从而为投资决策提供了重要的参考。蒙特卡罗模拟是一种常用的数值方法，它通过模拟大量的资产价格路径来估计期权的预期价值。这种方法的优势在于它能够处理复杂的期权特征和多个随机因素的影响，其结果通常被视为期权定价的可靠近似。有限差分法和有限元法则是通过将连续的问题离散化，然后在离散的网格上求解，以此来逼近连续随机微分方程的解。分裂步法则是一种更为精细的数值技术,它将问题分解为更容易处理的部分,分别进行求解。这些数值方法的广泛应用,极大地丰富了金融工程师的工具箱,使他们能够在考虑多种随机因素的情况下,对期权的价值进行更为精确的评估。尽管这些方法无法提供绝对的精确度,但是它们在实践中的有效性已经得到了金融界的广泛认可。通过这些数值解,金融从业者能够更好地理解市场风险,制定合理的投资策略,从而在充满不确定性的金融市场中稳健前行。

4)模拟。

作为一种数值求解技术,模拟方法是对随机微分方程求解的一种补充。它通过生成大量的随机路径来模拟实物期权的价值变化过程,从而得到期权价值的统计估计。模拟方法包括蒙特卡罗模拟等,它们能够处理复杂的期权结构和市场环境,提供更为贴近实际情况的求解结果。模拟方法的优点是灵活性高,能够适应各种不同的期权特征和市场条件,缺点是计算量大,且结果具有一定的随机性。这种方法的核心在于通过计算机生成大量的随机样本路径,以此来模拟实物期权的价值随时间和市场条件变化的过程。这种模拟技术的代表之一便是蒙特卡罗模拟,它以其独特的优势在金融工程领域占据了重要地位。蒙特卡罗模拟通过模拟数以千计甚至数以百万计的资产价格路径,能够捕捉到实物期权价值的不确定性和复杂性。这些路径反映了市场波动、利率变动、供需关系等多种因素的相互作用,从而为评估期权的价值提供了更为真实和全面的视角。模拟方法不仅能够轻松应对各种非线性、路径依赖性的期权特征,还能够适应不同的市场环境,如跳跃扩散、随机波动率等。模拟方法的高灵活性是其显著的优势之一。它不受特定模型限制,能够根据不同的期权类型和市场条件进行调整,使模拟结果更加符合实际情况。此外,模拟方法还能够处理那些难以用传统数学公式描述的复杂情况,为金融工程师提供了更为宽广的分析空间。然而,模拟方法也存在一定的局限性。首先,它的计算量相当庞大,尤其是在需要高精度结果时,所需的模拟次数会成倍增加,这对计算资源提出了较高的要求。其次，由于模拟结果是基于大量随机样本的统计估计，因此不可避免地会带有一定的随机性。这意味着模拟结果并非绝对精确，而是以一定的置信水平给出期权的价值范围。尽管存在这些挑战，模拟方法仍然是金融工程中不可或缺的工具。它为实物期权的定价和风险管理提供了有力的支持，帮助投资者和决策者在不确定性中寻找价值，制定更为科学合理的投资策略。通过模拟方法，我们能够更加深入地理解实物期权的价值动态，为金融市场的稳定发展贡献智慧。

（2）实物期权应用。

实物期权与不确定性紧密相关，体现出信息不对称严重、时间的等待可以减少不确定性、决策没有可依据的方法等特性。他们是实物期权的应用基础，其关系如图2.2所示。

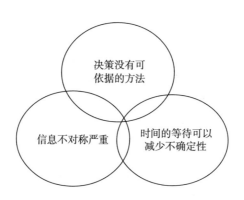

图 2.2　实物期权的应用基础

2.2.2　道德风险规制理论

道德风险亦称为道德危机，是经济学、管理学、伦理学等多个学科领域中的一个核心概念，在经济哲学的研究范畴中占据着重要地位。道德风险的出现，通常是经济活动中信息不对称性问题的直接后果，这种信息的不对等导致契约执行的困难和相关问题的产生。具体来说，道德风险可以从以下两个主要角度深入理解：首先，从信息不对称的角度来看，道德风险发生在合同或协议的各方之间信息不均衡的情况下。在这种情况下，掌握更多信息的一方可能会利用其信息优势，采取一些不利于他人的行动，以追求自身利益的最大化。这种行为可能会导致对方遭受损失，而信息优势方则可能因此获得不正当的利益。例如，在保险市场中，投保人在购买保险后可能会因为保险公司的信息劣势而采取更高风险的行为，这是因为保险公司难以完全监控投保人的行为。其次，从交易成本和合约机制设计的角度来看，道德风险的产生与交易成本的存在紧密相关。由于交易成本的存在，合约的制定和执行往往不可能做到完全无懈可击，这为道德风险的发生提供了可能。在现实经济活动中，合约往往无法详尽地规定所有可能的情况，也无法完全预见并防范所有潜在的机会主义行为。因此，当合约存在漏洞或不完善时，合同的一方可能会利用这些漏洞进行投机行为，从而损害另一方的利益。综上所述，道德风险是一个复杂的经济现象，涉及信息不对称、契约设计、交易成本等多个方面。理解和应对道德风险，对于维护市场秩序、促进经济活动的健康发展具有重要意义。学者和实务界人士一直在探索如何通过制度设计、激励机制和信息披露等手段降低道德风险，以保障经济活动的公平性和效率。

道德风险作为一种经济行为中的常见问题，具有以下几个显著的特性：首先，内生性是道德风险的一个根本特征。在市场经济中，参与者通常被视为理性经济人，他们在进行决策时，往往会将个人利益的最大化作为首要目标。这种追求自身利益的本能是道德风险产生的内在驱动力。由于个体行为的自利性，当有机会在不承担相应后果的情况下获取额外利益时，市场参与者可能会选择从事那些可能导致道德风险的行为。其次，牵引性是道德风险的另一个重要特征。人类并非完全理性的生物，在现实的经济活动中，人们的决策往往会受到各种外部因素的影响，尤其是利益的诱惑。这种诱惑可能会牵引人们偏离道德和伦理的轨道，做出一些在理性状态下不会采取的行为。例如，面对巨大的经济利益，即使知道某种行为可能不道德或违法，一些人仍可能选择冒险。在信息不对称的环境中，掌握信息优势的一方可能会利用这种不对称性，通过不正当的手段，将本应属于他人的利益转移到自己名下。这种行为不仅损害了他人的利益，还破坏了市场的公平性和信任机制。综上所述，道德风险的内生性、牵引性和损人利己特征，共同构成了其在经济活动中的复杂性和危害性。这些特征提醒我们，在设计和执行经济政策、合约及管理制度时，必须考虑到如何有效预防和控制道德风险，以维护市场的健康运行和公平竞争。

为了有效地解决道德风险问题，学术界和实践界普遍认同以下三种策略：第一种策略是构建和完善信用体系。这一方法的核心在于加强社会信用体系的建设，通过建立健全的信用记录和评价机制，来增强市场参与者的信用意识。具体措施包括：加大对失信行为的惩罚力度，提高失信行为的成本，使潜在的道德风险行为者因为惧怕未来的声誉损失和法律责任而放弃不当行为；同时，通过公开信用记录，增强市场透明度，使诚实守信成为市场参与者的自觉选择。此外，政府和相关机构可以通过立法和监管，确保信用体系的公正性和有效性。第二种策略是增强市场参与者的风险防范意识。这需要通过系统的教育和专业培训，提升市场参与者对道德风险的认识和警觉性。教育内容应涵盖道德伦理、法律法规、风险管理等多方面，旨在帮助参与者树立正确的价值观，提高识别和评估潜在风险的能力，从而在事前就能采取有效的预防措施。此外，通过案例分析、模拟演练等方式，可以增强参与者面对道德风险时的应对能力。第三种策略是提高对道德风险行为的预见性。这要求利用现代数据分析和技术手段，对市场行为进行监控和分析，以便及时发现潜在的道德风险迹象。例如，可以通过大数据分析来识别异常交易模式，或者利用人工智能技术来预测可能的道德风险行为。通过这些技术手段，可以在道德风险发生之前就进行预警，从而采取相应的防范措施。同时，这也有助于优化合约设计，减少信息不对称，降低道德风险发生的可能性。

综上所述，通过构建信用体系、增强风险防范意识和增强预见性，可以在不同层面上对道德风险进行有效的管理和控制，从而保障市场秩序和经济的稳定发展。从管理学的视角来看，对道德风险的管理与控制需要从制度层面入手，构建一套有效的机制来预防和减少道德风险的发生。规制，作为管理学中的一种重要手段，其目的是通过制定和实施一系列的规则与措施，对经济和社会活动中的不当行为进行监督和管理，从而保护市场的公平性和效率，避免道德风险带来的损害。

规制的分类可以根据其目的和手段的不同，大致分为经济性规制和社会性规制两大类：经济性规制的主要目标是确保市场秩序的正常运行，防止市场参与者利用信息不对称等优势进行不正当获利。这类规制手段包括但不限于：价格控制、市场准入限制、反垄断措施、竞争政策等。经济性规制通过经济激励和惩罚机制，如罚款、补贴、税收优惠等，来引导市场参与者的行为，确保他们遵循市场规则，不从事损害他人利益的行为。例如，通过设定最高限价来防止垄断企业滥用市场力量，或者通过许可证制度来控制市场的参与者数量，维护市场的健康竞争环境。社会性规制则更多地关注经济活动对社会和环境的影响，即经济行为的外部性。这类规制侧重于通过行政和法律手段来保护公共利益，确保社会公正和环境可持续性。社会性规制的例子包括《中华人民共和国劳动法》《中华人民共和国环境保护法》《中华人民共和国消费者权益保护法》等。这些规制措施通过设定标准、实施检查、发放许可证等方式，对市场参与者的行为进行约束，以防止他们从事损害社会和环境的行为。例如，通过《中华人民共和国环境保护法》来限制企业的污染物排放，保护生态环境；或者通过《中华人民共和国消费者权益保护法》来保障消费者的合法权益，防止企业利用信息不对称欺诈消费者。

总之，从管理学的角度出发，对道德风险的管理和控制需要结合经济性规制和社会性规制，通过综合运用经济、管理和法律手段，构建一个全面、有效的规制体系，以维护市场的公平性和社会的整体利益。

道德风险规制理论是将规制理论应用于解决道德风险问题的一种理论框

架，旨在从规制的角度出发，构建一套合理且有效的规制机制，以此来防范和解决社会生产和生活中的道德风险问题。该理论强调通过制度设计和政策安排，来减少信息不对称，约束市场参与者的自利行为，从而降低道德风险的发生概率。本书特别聚焦于众创空间中的三边道德风险规制问题。众创空间，作为一种新兴的创新创业生态系统，它汇聚了投资者、创业者和众创空间运营者等多方利益相关者。在这个多方参与的生态系统中，信息不对称和道德风险问题显得尤为复杂和突出。具体来说，众创空间中的三边道德风险主要体现在以下三个方面：①投资者与创业者之间的道德风险：由于投资者通常不直接参与创业项目的日常运营，而创业者可能拥有项目进展的更多信息，这可能导致创业者隐瞒不利信息或采取机会主义行为，损害投资者的利益。②创业者与众创空间运营者之间的道德风险：创业者可能会利用众创空间提供的资源进行高风险的活动，而运营者则难以完全监控创业者的行为，这可能导致资源的不当使用或浪费。③投资者与众创空间运营者之间的道德风险：运营者可能会为了吸引更多投资和创业者，而夸大其服务能力或隐瞒实际运营中的问题，从而误导投资者和创业者。针对这些问题，本书旨在探讨如何建立一套有效的规制机制，以减少众创空间中的三边道德风险。这可能包括制定透明的信息披露规则、建立利益相关者之间的信任机制、设计合理的激励和约束措施等。通过这些规制手段，可以促进众创空间的健康发展，保护各方的合法权益，同时也有助于整个创新创业生态系统的完善。

本书的模型构建部分主要借鉴了经济性规制理论，对该理论进行了细化和应用，以便更好地针对众创空间内的道德风险问题。我们通过对众创空间中各方参与者，包括投资者、创业者和运营者的行为进行深入的经济学分析，探讨了如何有效地利用激励机制、合同设计和信息披露等工具，来降低道德风险的出现频率。

具体而言，我们的模型构建工作主要包括以下几个关键步骤：

（1）行为分析与动机考察：在深入分析投资者、创业者和运营者之间的互动关系后，我们发现在众创空间这一创新生态系统中，各方的动机和行为模式呈现出多样性和复杂性。以下是对这些动机和行为模式的进一步探讨：对于投资者而言，他们进入众创空间的初衷通常是为了寻找具有高增长潜力的创业项目，以期获得超额的投资回报。他们的行为模式往往表现为谨慎筛选、风险评估和后续监控。在追求投资回报最大化的同时，投资者也会考虑到投资组合的多样化，以分散风险。此外，投资者在众创空间中的行为还受到市场趋势、政策导向和同行业竞争等因素的影响。创业者则是众创空间的核心参与者，他们的动机集中在创业成功和个人价值的实现上。创业者追求的不仅是经济利益，还包括创新理念的实现、个人职业生涯的发展和社会影响力的提升。在行为模式上，创业者通常表现出高度的热情和灵活性，他们愿意承担风险，不断试错，直至找到适合市场需求的商业模式。同时，创业者也会积极寻求与投资者和运营者的合作，以获取必要的资源和支持。运营者作为众创空间的搭建者和维护者，他们的动机在于确保平台的长期稳定发展和自身利益的实现。运营者的行为模式体现在以下几个方面：一是提供优质的创业环境和资源，吸引优秀的创业者和投资者入驻；二是构建良好的生态系统，促进内部成员之间的互动与合作；三是通过品牌建设、服务创新等手段提升平台的竞争力。运营者需要在满足创业者需求的同时，也要考虑到投资者的利益，平衡各方关系，以实现平台的可持续发展。在众创空间这一特定环境下，投资者、创业者和运营者的动机和行为模式相互交织，共同塑造了独特的创新创业文化。为了更好地促进众创空间的发展，有必要进一步研究和理解这些动机和行为模式，以制定出更加有效的激励机制和支持政策，从而推动创新创业活动的深入开展。

（2）激励机制设计：基于对各方动机的理解，我们提出了一系列激励机制的设计方案。这些方案旨在通过正向激励和负向激励，引导各方参与者遵循道德规范，减少道德风险。例如，为创业者提供与业绩挂钩的奖励，或者对投资者进行风险共担的安排。在深入探讨如何有效激励风险投资生态系统中的各方参与者时，我们精心构思了一系列激励机制，旨在通过精细化的正向和负向激励措施，促进道德行为的遵循和道德风险的降低。对于创业者，我们的激励机制设计着眼于激发他们的创新精神和企业家精神。我们提出，可以通过以下方式实现这一目标：首先，我们建议实施一种动态的奖励体系，其中创业者的报酬与他们所创造的企业价值紧密相连。这意味着随着企业业绩的提升，创业者将获得更为丰厚的奖金和股权激励，这种直接的财务回报将极大地激发他们的工作热情和创造力。其次，我们强调了资源支持的重要性。通过为创业者提供必要的资源，如先进的办公设施、技术支持和服务网络等，我们帮助他们克服创业初期的种种障碍，从而更有信心和动力去追求成功。

（3）合同设计优化：我们分析了现有合同设计中可能存在的漏洞，并提出了优化建议。被优化的合同应当能够明确各方的权利和义务，减少信息不对称，并通过违约条款等手段，提高违约成本，从而降低道德风险。

（4）信息披露机制：为了增强透明度，我们探讨了建立有效信息披露机制的必要性，并提出了具体实施建议。这包括定期发布项目进展报告、财务状况披露以及运营状况的公开，以减少信息不对称带来的道德风险。

通过上述模型构建，我们提出了一系列有针对性的规制策略，这些策略旨在通过综合运用经济性规制手段，构建一个更加健康、有序的众创空间生态环境，从而促进创新创业活动的可持续发展。我们的研究不仅为理论界提供了新的视角，也为实践中的众创空间管理提供了有益的参考。

本书的管理启示部分不仅基于经济性规制理论提出了具体的管理建议，还融合了社会性规制的方法，以形成一个更为全面的管理框架。以下是我们提出的主要管理启示和措施：一是建立行业自律机制，我们建议在众创空间行业内建立一套自律机制，通过行业内部的监督和评价体系，促进各方参与者自觉遵守道德规范和行业准则。这种自律机制可以包括制定行业道德规范、建立同行评审制度、实施会员资格认证等。二是完善法律法规体系，为了增强法律对道德风险行为的威慑力，我们提出了完善现有法律法规体系的建议。这涉及对相关法律条文的修订和补充，确保法律能够覆盖众创空间内的各种道德风险行为，并为受害者提供有效的法律救济途径。三是利用媒体和社会舆论：我们强调了媒体和社会舆论在提升公众对道德风险认识中的重要作用。通过媒体报道、社交媒体宣传、公益广告等方式，可以提高公众对道德风险的认知，增强社会整体的防范意识。四是社会性规制的重要作用，在道德风险控制中，社会性规制扮演着不可或缺的角色。社会性规制不仅能够通过外在的压力和规范来约束市场参与者的行为，还能够通过内在的文化和价值观塑造，提升参与者的道德水平。

具体的社会性规制措施包括：一是教育培训，通过定期的道德教育和职业培训，提升参与者的道德素养和职业操守，使其在面临道德选择时做出正确的决策。二是案例分享和道德讲堂，通过组织案例分享会、开设道德讲堂等活动，传播道德风险管理的知识和经验，强化社会对道德风险的认知和防范意识。三是文化引导，在众创空间内部培育一种积极向上的文化氛围，鼓励诚信、透明和合作的价值观念，从而在根本上减少道德风险的发生。综上所述，我们的管理启示旨在通过经济性规制和社会性规制的结合，为众创空间的管理者提供一套更为全面和有效的道德风险管理策略，以促进众创空间的健康发展。

总之，道德风险规制是一个涉及多个层面、多个领域的复杂问题，它要求我们从宏观和微观的角度进行全方位的考量。在众创空间这一充满活力且具有特殊性的创新创业生态系统中，探索如何有效地规制道德风险，保障投资者、创业者和运营者等各方参与者的合法权益，以及如何促进众创空间的长期健康发展，成为我们面临的重要研究课题。众创空间的特殊性在于其参与者多样、信息流动快速、创新活动频繁，这些特点既为创新创业提供了广阔的舞台，也为道德风险的产生提供了土壤。因此，如何在这一环境中建立起一套既能够激发创新活力，又能够有效防范道德风险的规制体系，是摆在我们面前的一项挑战。

通过本书的研究，我们旨在为众创空间的管理者和政策制定者提供以下几方面的有益参考：理论与实践相结合的道德风险规制框架，为众创空间的管理提供理论支持和实践指导。多元化的规制策略包括经济性规制和社会性规制相结合的方法，以应对众创空间中复杂的道德风险问题。具体的管理建议和措施如建立行业自律机制、完善法律法规体系、利用媒体和社会舆论等，旨在提升众创空间的道德风险防控能力。对众创空间可持续发展的重要性的认识，强调在推动创新创业的同时，不应忽视道德风险的管理和规制。我们希望本书的研究成果能够为众创空间的可持续发展贡献一份力量，为构建一个更加健康、公平、有序的创新创业环境提供支持。同时，我们也期待更多的学者和实务界人士参与到这一领域的研究中来，共同探索众创空间道德风险规制的有效路径。

2.2.3　委托代理理论

委托代理理论在现代经济学中的地位举足轻重，它为我们分析现实生活中的诸多经济现象提供了有力的理论支撑。在信息不对称的环境中，委托人和代理人之间的相互作用和决策问题显得尤为复杂。为了更好地理解这一问题，我们需要对该理论进行更为深入的探讨。

首先，委托代理关系广泛存在于社会经济活动中。例如，在企业中，股东与经理层之间、雇主与员工之间都存在着委托代理关系。在政治领域，选民与政府官员之间也存在类似的委托代理关系。这些关系的核心问题是如何确保代理人按照委托人的利益行事。在委托代理关系中，委托人面临的主要问题是道德风险和逆向选择。道德风险指的是代理人可能利用信息优势，采取损害委托人利益的行为。逆向选择则是指在信息不对称的情况下，委托人难以筛选出真正能为己所用的代理人。为了解决这些问题，委托代理理论提出了一系列解决方案。一方面，委托人可以通过设计合理的激励约束机制来引导代理人行为。例如，企业可以通过股权激励、薪酬激励等方式，使经理层的利益与股东利益相一致。政府可以通过制定法律法规、监督考核等手段，确保官员为民服务。

另一方面，代理人也可以通过信息披露、信誉建立等途径，降低信息不对称程度，增强委托人对自己的信任。然而，在实际操作中，委托代理理论的实施仍面临诸多挑战。首先，激励约束机制的设计并非易事，需要充分考虑代理人的风险偏好、努力程度等因素。其次，监督成本高昂，委托人需要在监督力度和成本之间寻求平衡。最后，法律法规的完善和执行也是确保委托代理关系有效运行的关键。在我国，委托代理理论的应用具有特殊意义。随着社会主义市场经济体制的不断完善，委托代理关系在我国经济生活中的地位日益凸显。如何借鉴和运用委托代理理论，解决我国实际问题，成为摆在我们面前的一项重要任务。为此，我们需要在以下几个方面加强研究与实践：深入研究委托代理理论，结合我国实际情况，发展具有中国特色的委托代理理论。完善激励约束机制，创新监管手段，提高委托代理关系的运行效率。强化法律法规建设，保障委托人和代理人的合法权益，促进社会公平正义。加强委托代理双方的沟通与信任，降低信息不对称带来的负面影响。

总之，委托代理理论为我们分析解决现实经济问题提供了有力依据。通过不断深化理论研究与实践探索，我们有望在信息不对称的条件下，构建更加和谐、高效的委托代理关系。委托代理理论的核心挑战在于，代理人的某些行为或信息对委托人来说是不透明的，即委托人无法完全观测到代理人的所有行为或掌握其所有信息。这种信息的不完全性导致了委托人在决策时面临的不确定性，从而增加了代理人不按照委托人利益行事的道德风险。因此，委托代理理论的核心内容之一就是研究如何设计出一套有效的激励机制，这些激励机制能够在不完全信息的环境中，引导代理人选择对委托人最有利的行动。这涉及以下几个关键点：一是激励相容，设计的激励机制需要确保代理人在追求自身利益的同时，也能够实现委托人的利益最大化。也就是说，代理人选择对自己最有利的行动恰好也是对委托人最有利的。二是风险分担，激励机制还需要考虑如何合理分配委托人和代理人之间的风险，使双方都能接受潜在的收益和风险。三是信息披露，通过一定的机制设计，鼓励代理人披露真实的信息，减少信息不对称带来的问题。四是监督和约束，除了激励，还需要一定的监督和约束机制来确保代理人的行为不会偏离委托人的利益太远。

委托代理理论在现实中的应用确实极为广泛，它不仅深刻影响了企业管理、政府监管和金融市场等领域的运作模式，还为合同设计、政策制定和组织结构构建提供了宝贵的理论资源和实践指南。在企业管理领域，委托代理理论对于解决所有权与经营权分离带来的问题具有重要意义。企业所有者（委托人）通常将管理权委托给职业经理人（代理人），但由于信息不对称，所有者难以完全掌握经理人的行为。为了确保经理人按照股东利益行事，企业可以采用多种措施：设计绩效薪酬体系，将经理人的薪酬与公司业绩挂钩，以激励其努力工作；设立董事会和监事会，加强对经理人行为的监督和评估；实施股权激励计划，使经理人成为公司股东，从而降低代理成本。在政府监管领域，委托代理理论同样发挥着重要作用。政府作为公众利益的代表（委托人），需要确保政策执行者（代理人）能够有效地贯彻政策意图。为此，政府可以采取以下措施：制定明确的法律法规，为代理人提供清晰的行为指南；建立健全的绩效考核体系，对代理人的工作进行定期评估。加强对代理人的监督和问责，防止权力滥用和腐败现象。在金融市场，委托代理理论的应用体现在投资者与金融机构、上市公司之间的关系上。投资者将资金委托给金融机构管理，或购买上市公司股票，希望获得回报。为了降低代理风险，可以采取以下措施：加强信息披露，提高市场透明度，减少信息不对称。实施严格的监管制度，确保金融机构和上市公司遵守法律法规。鼓励机构投资者参与公司治理，提高上市公司质量。在合同设计方面，委托代理理论指导我们如何制定能够平衡双方利益的合同条款。这包括：设定明确的目标和绩效标准，以便评估代理人的表现。设计风险分担机制，使委托人和代理人共同承担风险。确保合同具有一定的灵活性，以适应环境变化。在组织结构构建上，委托代理理论帮助我们理解如何设计有效的组织架构来降低代理成本。这包括：明确各部门和层级的职责权限，减少职责重叠和冲突。建立高效的沟通渠道，促进信息在组织内部的流通。创设激励机制，鼓励员工为组织目标共同努力。总之，委托代理理论在现实中的应用为我们解决了一系列复杂的代理问题，它不仅提高了经济活动的效率，还促进了社会公平正义。随着社会经济的发展，委托代理理论将继续在实践中不断完善，为各个领域提供更加科学、有效的决策依据。

在委托代理关系中，至少涉及两个关键参与者：委托人和代理人。这两个角色各自拥有不同的期望效用函数，这些函数是他们在不同行动方案下可能结果的偏好和利益的量化表现。委托人和代理人的效用函数通常是基于他们的目标、风险承受能力、信息掌握程度以及其他个人或组织的特征来构建的。在委托代理模型中，虽然理论上考虑了双方的利益，但实际上，这些利益的体现和影响力受到契约合同设计的深刻影响。契约合同是双方达成协议的载体，它规定了各自的权利、义务和责任。契约合同的制定者，通常是拥有资源、信息或法律优势的一方，也就是委托人，他们在契约的制定过程中拥有更多的主动权和话语权。这种地位的不对等性决定了委托人在契约内容上的主导作用，从而在契约中占据更为有利的地位。在契约合同的制定过程中，契约主导者（委托人）的首要目标是最大化自己的利益。这包括确保代理人的行为能够最大限度地保障委托人的利益，以及在可能的情况下，减少代理成本和风险。然而，仅考虑自己的利益是不够的，委托人还必须考虑到契约接受者（代理人）的接受意愿。如果代理人认为契约不利于自己，他们可能会拒绝参与，从而导致委托人的目标无法实现。因此，契约制定者需要考虑以下两个基本的约束问题：一是参与约束（个体理性约束），委托人制定的契约必须保证代理人接受契约后所获得的期望效用不低于其不接受契约时的保留效用。换句话说，代理人参与契约的净收益至少要等于其不参与时的最佳替代选择的收益。二是激励相容约束，契约的设计需要确保代理人在追求自身利益的同时，自然而然地采取符合委托人利益的行动。这意味着，代理人选择最大化自己效用的行动方案，同时也恰好是最大化委托人效用的方案。

通过解决这两个约束问题，委托人可以设计出既能满足自己利益最大化，又能吸引代理人参与的契约合同。这要求委托人在契约设计中巧妙地平衡激励和约束，确保代理人在面对不同的决策情境时，能够做出符合委托人期望的选择。

参与约束是委托代理理论中的一个基本概念，它强调契约主导者在设计契约时必须确保契约对契约接受者具有吸引力。换句话说，契约必须为接受者提供足够的预期收益，使其认为参与契约所能获得的效用或收益高于其不参与时的任何其他可行选项。这一约束确保了契约的实际可行性，因为它要求契约主导者在追求自身利益最大化的同时，也要充分考虑到契约接受者的利益诉求。如果契约无法满足参与约束，那么契约接受者将没有动力参与，契约也就失去了其存在的意义。激励相容约束则是在委托代理关系中更为微妙和复杂的一个要求。它意味着契约主导者设计的激励机制必须与契约接受者的自利行为相一致。在经济学中，通常假设个体是理性的，且会按照自己的利益行事。因此，激励相容约束要求契约主导者构建一种机制，使代理人在追求个人利益的过程中，不经意间也实现了委托人的目标。这种机制的设计需要巧妙地利用代理人的自利动机，引导其选择对委托人最有利的行动。

委托代理模型的应用范围极其广泛，它不仅限于分析信息不对称情况下的合同设计问题，还广泛应用于分析多种社会经济现象：

（1）企业内部管理：委托代理模型可以用来分析如何设计有效的激励和薪酬体系，以鼓励员工和管理层采取符合公司整体利益的行动。

（2）政府监管政策：模型可以帮助政府理解如何制定政策来激励私营部门或公共部门的管理者实现公共利益最大化。

（3）金融市场：在金融市场中，委托代理模型可以解释和预测投资者与基金经理之间的关系，以及如何通过合同设计来降低代理成本。

（4）国际贸易：模型可以分析跨国公司与其海外分支机构的委托代理关系，以及如何通过契约安排来管理跨国运营中的风险和激励问题。

（5）公共资源配置：在公共资源的管理和分配中，委托代理模型可以帮助设计机制，以确保资源被有效且公平地使用。

通过这些应用，委托代理模型为理解和管理各种复杂的经济和社会关系提供了有力的理论工具和分析框架。

在信息对称的理想情况下，委托代理模型能够指导我们如何通过精心设计的合同确保双方的利益得到平衡和满足。然而，在现实世界中，信息不对称的情况更为普遍，这使委托代理模型的应用变得更为复杂和关键。在信息不对称的情况下，委托人面临着两大挑战：一是无法完全观测到代理人的具体行为；二是无法完全掌握代理人的私人信息或类型。这种信息的不完全性可能导致代理人利用其信息优势进行机会主义行为，从而损害委托人的利益。为了在信息不对称的情况下设计出有效的合同，委托人可以采取以下几项措施：

（1）信号传递机制：委托人可以设计一种机制，鼓励代理人通过某种方式披露其私人信息。例如，通过提供不同的合同选项，代理人可以根据自己的类型选择对自己最有利的合同，从而间接地向委托人传递自己的信息。

（2）筛选机制：委托人可以设计一系列的筛选措施，如考试、面试或业绩评估，以区分不同类型的代理人，并据此提供不同的合同条款。

（3）激励机制：通过设计激励机制，如绩效奖金、股票期权或利润分享计划，委托人可以鼓励代理人在信息不对称的情况下仍然采取对委托人最有利的行动。

（4）监督和审计：委托人可以实施监督和审计程序，以增加对代理人行为的观测能力，减少信息不对称的影响。

（5）合同灵活性：设计具有一定灵活性的合同，允许双方在信息更新或情况变化时重新谈判和调整合同条款。

（6）声誉机制：在长期关系中，代理人的声誉可以作为其行为的一种信号。委托人可以通过建立声誉机制，激励代理人在长期内保持良好的行为记录。

（7）法律和道德约束：通过法律规范和道德教育，增强代理人的法律意识和道德水平，降低其从事道德风险行为的可能性。

通过这些措施，委托人可以在信息不对称的情况下，尽可能地设计出既能激励代理人披露真实信息，又能确保代理人最大程度上维护委托人利益的合同。这不仅有助于降低代理成本，提高代理效率，还能促进双方之间的信任和合作，从而实现共赢的局面。

在信息不对称的现实环境中，委托代理模型的应用需要考虑多种策略来优化合同设计，以降低代理成本并提升整体效率。以下是一些具体的措施和考虑因素：①薪酬结构的设定：通过设计包括固定工资和绩效奖金的薪酬结构，委托人可以有效地激励代理人更加努力地工作。固定工资为代理人提供了一定的收入保障，而绩效奖金则与代理人的业绩挂钩，鼓励其为实现更高的个人和委托人利益而努力。②监督和审计：委托人可以实施定期的监督和审计程序，以检测和防止代理人的道德风险行为。这种监督可以是直接的，如审查工作报告和财务记录，也可以是间接的，如通过客户反馈和第三方评估。③惩罚条款的设计：在合同中加入惩罚条款，如违约金或合同终止条款，可以增加代理人违约的成本，从而降低其从事不利于委托人行为的风险。在实际应用中，委托代理模型还必须考虑以下复杂因素：①代理人的风险态度：如果代理人倾向于规避风险，委托人可能需要提供更为稳定的薪酬保障，或者通过保险等手段来分担代理人的风险，以增加其参与代理活动的意愿。②市场环境的不确定性：在高度不确定的市场环境中，委托人可能需要设计更为灵活的合同条款，以便在市场条件发生变化时能够迅速调整代理人的激励结构，确保代理人的行为始终与委托人的利益一致。③合同的不完全性：由于现实中的合同往往无法预见所有可能的情况，委托人需要考虑如何处理合同中未明确规定的情形。这可能包括建立后续谈判机制、争议解决程序或者提供一定的自主权给代理人，以便在不确定性出现时能够有效地应对。④代理人的动机和目标多样性：代理人可能不仅仅追求经济利益，还可能追求职业发展、社会认可等非金钱目标。委托人需要识别并考虑这些多样化的动机，以便更有效地设计激励机制。

通过综合考虑这些因素，委托人可以更有效地设计合同，从而在信息不对称的情况下，最大限度地减少代理问题，促进委托代理关系的稳定性和效率。

总之，委托代理理论为我们提供了一个深刻而有力的分析框架，它帮助我们深入理解和有效解决在信息不对称条件下的激励问题。通过巧妙地设计合同和激励机制，我们能够在委托人和代理人之间建立起一种利益协调机制，从而推动资源的合理配置和经济的持续健康发展。在众多领域，如众创空间的管理、风险投资的决策、企业治理结构的优化等，委托代理理论的应用显得尤为重要和突出。在这些领域，委托代理理论的应用不仅有助于提升管理效率，确保代理行为的透明度和公正性，还为政策制定者提供了科学的理论依据，引导他们制定出更加合理有效的政策和规章制度。这些政策和规则能够进一步规范市场秩序，激发市场活力，推动社会经济的全面进步。

随着全球经济环境的不断演变和市场结构的复杂化，委托代理理论也在不断地发展和完善。理论研究者们正致力于将委托代理理论与其他经济学理论相结合，以应对更加复杂多变的经济现象。在实践层面，委托代理理论的应用也在不断拓展和深化，它为解决代理问题、降低代理成本、提高代理效率提供了切实可行的策略和方法。未来，委托代理理论将继续在理论和实践中扮演关键角色，它不仅能够为企业和组织提供管理上的指导，还能够为政府和其他监管机构在制定政策时提供支持。无论是在微观层面的企业内部管理，还是在宏观层面的国家政策制定，委托代理理论都将成为一个不可或缺的工具，帮助我们在信息不对称的世界中做出更加明智的决策，促进社会的整体福利和经济的高效运行。

（1）对称信息情况下的最优合同。

在各参与方信息对称情境下，若契约接受者的行为 a 可以被观测，那么契约主导者便可以根据被观测到的行为对契约接受者进行奖惩。那么，该契约合同可以被理解为建立在另一参与方的行动上的，此时，契约主导者可以不考虑对契约接受者进行激励，即信息不对称情境下的激励相容约束无效，因为契约主导者完全可以依靠强制合同迫使契约接受者接收合同使下列条件成立：

$$\int u(s(a^*))f(x, \pi, a^*)dx - c(a^*)$$

$$> \int u(s(a))f(x, \pi, a)dx - c(a), \ \forall a \in A$$

只要 s 足够小，代理人绝不会选择 $a \neq a^*$。

（2）非对称信息情况下的最优合同。

非对称信息情况下，若契约接受者的行为 a 无法被契约接受者观测，那么，我们假定契约接受者的行为可以被分为，L 和 H，这里面，L 被视为"偷懒"，H 被视为勤奋。设 π 可以取到的最小值为 $\underline{\pi}$，可以取到的最大值为 $\bar{\pi}$。若契约接受者勤奋工作，则 π 服从 $F_H(\pi)$ 和 $f_H(\pi)$ 的概率分布及密度分布；若契约接受者偷懒，则 π 服从 $F_L(\pi)$ 和 $f_L(\pi)$ 的概率分布及密度分布。契约主导者需要顾忌到的是，必须使参与、激励相容约束同时实现，这才能保证契约主导者的期望收益最大化。c(H) 被视为努力成本；c(L) 被视为代理人不积极进取时的成本。因此，委托人的最优激励合同可以描述为：

$$\max_{s(\pi)} \int v(\pi - s(\pi))f_H(\pi)d\pi$$

$$s.t. \ (IR) \int u(s(\pi))f_H(\pi)d\pi - c(H) \geq \bar{u}$$

$$(IC) \int u(s(\pi))f_H(\pi)d\pi - c(H)$$

$$\geq \int u(s(\pi))f_L(\pi)d\pi - c(L)$$

2.2.4　过度自信理论

自信是一种极为重要的意志品质，它根植于个体的心理状态和行为表现，是推动人们做出决策的内在动力。这种品质主要由四个要素构成，即自觉性、果断性、坚持性和自制力，这四者共同构成了自信心的"三性一力"。自觉性体现了个体对自身能力和目标的清晰认识；果断性反映了个体在面临选择时的决断力；坚持性展示了个体在面对困难和挑战时的持久耐力；而自制力则是个体控制和调节自身行为的能力。拥有自信心的人，能够以积极的态度和行为面对生活中的种种困难，他们做事果断、独立，能够给予自己积极的暗示，进行自我鼓励，从而在逆境中不断前进。相反，缺乏自信心的人往往容易陷入自卑的情绪，他们在面对挑战时可能会表现出退缩、萎靡不振和优柔寡断的行为，这种心态不仅影响了他们的个人发展，也可能对周围的人产生负面影响。然而，自信与过度自信在概念上有着明显的区别。过度自信是一种认知偏差，它导致个体对自己的信息处理能力和判断力产生过高的估计。过度自信的人可能会盲目地认为自己掌握的信息比别人更全面、更准确，因此他们在决策时可能会忽视客观事实和潜在风险，做出不理智的选择。过度自信的行为通常出现在人们对某个领域或事物较为熟悉的情况下，他们可能会因为自己的经验而高估自己的能力。

过度自信的现象在人们的日常生产和生活当中普遍存在。这种心理偏差对人们的决策产生了深远的影响，无论是在个人生活还是职业发展中，都能看到过度自信的影子。在职场中，无论是基层员工还是高层领导，都可能表现出过度自信的行为。例如，当面对不可预知的未来时，如果决策者有过类似的经验或者学习过相关内容，他们可能会过于自信地认为自己有能力应对和处理即将到来的挑战，从而低估了潜在的危险。实际上，这种基于过去经验的自信并不总是可靠的。未来的不确定性意味着即使是最有经验的决策者也可能面临意料之外的风险。过度自信的决策者可能会忽视这一点，他们可能会过于依赖自己的直觉和经验，而忽视了客观的数据分析和风险评估。这种心态可能导致决策失误，给个人和组织带来不必要的损失。

因此，认识到过度自信的存在和潜在危害，对于提高决策质量和促进个人成长至关重要。通过培养批判性思维、学习如何进行有效的风险评估，以及寻求多元化的意见和建议，我们可以更好地管理自己的自信心，避免陷入过度自信的陷阱，从而做出更加明智和稳健的决策。

2.3 本章小结

本章节的内容主要聚焦于对创业孵化器和众创空间的概念进行清晰的界定，并对一系列相关理论进行了深入的分析和整理。我们首先从实物期权的定义着手，详细区分了实物期权与金融期权的不同之处，并对实物期权的多种分类及其求解方法进行了全面的总结。我们提出，实物期权理论为众创平台在投资决策问题上提供了一种有效的分析工具和方法。接着，本章引入了委托代理理论和过度自信理论，以此来探讨众创空间内的复杂关系。我们认为，在众创空间的框架下，众创平台、风险投资机构与创业企业之间存在着委托代理的关系，这种关系中的各方参与者可能会受到过度自信心理的影响，这种心理现象在创业环境中是普遍存在的。

此外，本章还采用了理性人和机会主义行为的分析框架，对众创空间内各参与者的行为模式进行了深入探讨。我们强调，在众创空间这一特殊的环境中，参与者基于理性人的假设，会在追求自身利益最大化的驱动下，可能会展现出机会主义行为，即在某些情况下采取损害他人利益以增进自身利益的行动。这种道德风险行为的出现，不仅威胁到众创空间的稳定运营，还可能对整个创新创业生态系统的健康发展造成负面影响。我们详细分析了众创空间内道德风险行为的几种表现形式，包括信息隐藏、逆向选择、道德风险和合约不完全等问题。这些问题可能导致资源分配效率低下、合作关系破裂、创新活动受阻等后果。因此，识别和管理这些道德风险行为，对于维护众创空间的正常运作和促进创新创业活动的顺利进行具有至关重要的意义。

在本章的研究中，我们不仅从理论层面分析了众创空间内参与者的行为动机和可能的机会主义倾向，还结合实际案例，探讨了如何通过制度设计、激励机制和合约安排等手段来预防和控制道德风险。我们提出了一系列管理策略和建议，旨在帮助众创空间的管理者和政策制定者更好地理解和应对这些挑战。具体而言，本章的研究贡献包括：

（1）构建了一个基于理性人和机会主义行为的分析框架，用于理解众创空间内参与者的行为模式。

（2）识别了众创空间中可能出现的道德风险行为，并分析了其对创新创业生态系统的影响。

（3）提出了针对道德风险行为的管理策略和措施，为众创空间的风险管理和决策制定提供了实践指导。

（4）强调了在众创空间运营中，建立信任、透明度和公平性对于促进参与者合作和减少道德风险的重要性。

通过本章的研究，我们不仅为学术界提供了关于众创空间参与者行为分析的新视角，也为实践中的众创空间管理者和创业者提供了宝贵的参考，有助于他们更有效地应对道德风险，推动众创空间的可持续发展。

3 基于实物期权的众创平台
两阶段投资决策分析

在当前阶段，针对众创平台对创业企业的一阶段投资决策的研究存在明显的局限性。这些局限性主要体现在以下几方面：

众创平台在承担创业企业的培育和孵化任务时，若选择一次性投资的方式，无疑会削弱资金运用的灵活性。这种单一阶段的投资策略，不仅限制了众创平台根据创业企业的成长动态和市场的实时变化来灵活调整投资布局的可能性，同时也放大了投资的风险系数。首先，创业企业的发展路径通常充满了变数和不确定性，一次性投资可能会造成资金配置的不合理，无法确保每一笔投资都能得到最优化和高效的利用。其次，众创平台的资金若集中一次性投入，无疑会对平台的资金流动性造成不利影响，从而加剧了资金链的压力。资金流动性的降低，可能会束缚众创平台的手脚，限制其在其他具有潜在高回报机会的项目上的投资能力，这不仅影响了平台资金的周转效率，也可能降低整体的运营效能和投资回报率。此外，众创平台在参与创业企业的投资孵化过程中，还需面对一系列复杂的风险因素。其中，创业企业未来收益流的不确定性是一个重要考量点。由于创业企业的市场表现和盈利能力往往难以准确预测，这为投资决策带来了额外的挑战。同时，众创平台自身以及创业企业在决策过程中可能出现的非理性行为，如过度自信、风险偏好偏差等，也会增加投资决策的复杂性和潜在风险。

因此,众创平台在投资决策时,需要充分考虑这些因素,采取更为谨慎和灵活的投资策略,如分阶段投资、设置期权安排等,以降低投资风险,提高资金利用效率,并确保平台的长期稳定发展。同时,建立健全的风险评估和管理机制,对创业企业的成长潜力进行科学评估,以及通过有效的沟通和监督,减少信息不对称和道德风险,也是众创平台在投资孵化过程中不可忽视的重要环节。

鉴于以上问题,本章认为,在研究众创平台对创业企业的投资决策问题时,有必要采用更为细致和全面的方法。这包括考虑两阶段甚至多阶段的投资决策情境,以及将创业企业收益流的不确定性和双方可能存在的非理性行为纳入分析框架。基于这样的思考,本章将从以下方面对众创平台的投资决策过程进行深入分析:构建多阶段投资决策模型,以更好地模拟众创平台在创业企业不同发展阶段的投资行为。分析创业企业收益流的不确定性对投资决策的影响,并提出相应的风险管理策略。探讨众创平台与创业企业之间的非理性行为,如过度自信、羊群效应等,以及这些行为如何影响投资决策。提出改进的投资决策建议,旨在提高众创平台资金的使用效率,降低投资风险,并促进创业企业的健康成长。

贴现现金流法(DCF)作为一类较为成熟的静态投资评价方法,为投资决策者提供了简便易操作的投资方案。但 DCF 法忽视了管理的柔性,低估了项目的实际价值,在不确定的经济环境下,资金成本率难确定、投资实际报酬率不明等因素限制了 DCF 法在现代复杂多变环境下投资决策评价中的应用。Myer(1977)提出实物期权思想,认为项目投资过程中隐含着实物期权,证实了 DCF 法在管理柔性和项目价值评估中的缺陷;Luehrman Timothy(1997)将金融市场规则引入项目投资决策,认为项目投资的现金流是不稳定的,至此,在复杂的不确定投资战略制定中,传统的 DCF 法被实物期权定价方法所取代。赵敏等(2006)认为,创业企业的成长必定经过一个个的阶段,具有阶段性，在每一个阶段里都带有一定的风险性，分阶段对创业企业投资被视为最为稳固可靠的投资方法。一阶段投资决策只进行一次投资决策，而未来的市场经济环境是不可知的，增加了投资者的投资风险；但是，通过多阶段投资的方法，投资者可以避免一次性投资，多个阶段分别进行投资，便可以降低风险，增强调控能力。尹海员（2011）通过对比研究发现，在企业管理过程中，多阶段决策更为普遍。企业在管理过程中往往面临的是一系列连续的决策点，而不是单一的时间点决策。这种多阶段决策的特点在于，它更贴近实际情况，因为在企业的成长和发展过程中，管理者需要不断地根据市场变化、企业内部资源和外部环境等因素进行调整和优化。这一发现强调了在企业管理实践中，决策者应当考虑到决策的动态性和阶段性，以更好地应对复杂多变的企业环境。郝晶晶等（2015）认为，当项目持续时间较长，决策者自身能力与见识会发生改变，其对风险的认识也会发生改变，存在一定的波动现象，这表明多阶段决策研究的重要性。他们提出，当项目持续时间较长时，决策者的能力、经验和见识都会随着时间的推移而发生变化，这直接影响了决策者对项目风险的认识和评估。因此，风险感知不是一成不变的，而是存在波动性。这种波动性要求决策者在不同的项目阶段采取不同的策略，以适应风险认知的变化，从而确保项目的顺利进行和最终成功。关旭等（2011）在研究产品生产周期中的融资与采购时认为，通过多阶段融资可以提高效益，同时使资金提供商的自身利益最大化。他们认为，通过采用多阶段融资策略，企业不仅能够提高整体运营效益，还能使资金提供商在风险可控的前提下实现利益最大化。这种策略允许企业在不同的生产阶段根据实际需求灵活调整融资规模和结构，从而有效降低融资成本，提高资金使用效率。这一研究强调了多阶段决策在资金管理中的实际应用价值，并为企业在复杂经济环境中的资金运作提供了理论依据和实践指导。根据心理学研究成果，过度自信普遍存在于人们对自身能力的认知过程中，它体现在人们对自身能力、知识水平或控制力的认知过程中。这种认知偏差使个体倾向于高估自己的能力和判断的准确性。行为金融学将过度自信归为投资者高估对信号的处理能力和低估预测误差两大类。一类是投资者对自己的信息处理能力过于自信，即高估了自己对市场信号的理解和解读能力；另一类是投资者对自己的预测准确性过于自信，从而低估了预测中的误差和不确定性。过度自信行为在不同的环境中对目标的影响差异显著，Kyle 和 Wang（1997）在双寡头竞争模型中认为过度自信严格占优于理性。他认为，在竞争激烈的市场环境中，过度自信的决策者可能会采取更为积极和冒险的策略，这有时能够为企业带来竞争优势，从而在短期内提高企业的市场表现。王铁男和王宇（2017）通过实证研究，结果发现，公司 CEO 的过度自信行为对公司绩效有促进作用。这可能是因为过度自信的 CEO 更倾向于采取大胆的决策，推动公司进行创新和扩张，从而在市场竞争中取得优势。潘清泉和鲁晓玮（2017）通过实证研究，结果发现，公司高管过度自信对企业绩效具有显著负向影响。这可能是因为过度自信的高管可能会忽视风险，做出不合理的投资决策，导致资源浪费和企业价值的损失。这些研究结果表明，过度自信作为一种心理偏差，其对企业绩效的影响是复杂且多面的，需要结合具体情境和行业特点进行深入分析。因此，企业在管理实践中应当认识到过度自信可能带来的正面和负面影响，并采取措施加以引导和调控。

研究成果表明，在众创平台的环境中，投资决策者在进行风险投资时，往往可能会受到过度自信行为的干扰。这种心理现象表现为决策者对自己的判断能力、信息处理能力和对未来事件的控制力过于自信，从而可能影响他们的投资决策。然而，关于过度自信行为是否能够对投资决策结果产生积极影响，目前学术界尚未形成统一的观点，这一问题仍有待进一步的研究和实证分析。在传统的投资评价方法中，贴现现金流（DCF）模型长期以来一直是一个核心的工具。这种方法通过预测项目未来的现金流，并将其贴现至现值，以此来评估投资项目的价值。然而，在当今复杂多变的现代经济环境中，DCF 模型在处理不确定性和灵活性方面显得有些力不从心，它无法充分满足投资决策评估的需求，特别是在面对高风险的创新项目时。为了应对这一挑战，实物期权定价理论的引入为投资评价提供了一种新的视角和方法。实物期权理论将投资机会视为一种期权，允许决策者在不确定性环境中灵活地做出投资选择。这种方法能够更好地捕捉项目的不确定性和潜在价值，因而在现代项目投资决策中的应用越来越广泛。

众创平台与众创空间内的创业企业构成了一个相互依存、协同发展的有机整体。众创平台通过为空间内的优质创业企业提供必要的资金支持、资源对接和其他创业服务，帮助这些企业成长和发展。然而，与众创平台相关的投资决策并非没有风险。与市场投资组合中的孪生证券相比，众创平台的决策者在进行投资分析时可能会受到过度自信的影响，高估自己掌握信息的真实性和准确性。这种过度自信的倾向可能会导致决策者对创业企业未来收益流的波动性和风险估计出现偏差，从而影响投资决策的准确性和有效性。因此，对于众创平台的投资决策者来说，认识到过度自信可能带来的潜在风险，并采取相应的措施来矫正这种认知偏差，是提高投资决策质量和促进众创平台健康发展的重要环节。这可能包括引入更多的客观分析工具、增强决策的透明度以及通过多元化投资来分散风险等策略。

在本章的研究中，我们采取了一种创新的方法，与传统的两阶段投资决策模型有所区别。我们将众创平台决策者对创业企业的投资过程细分为两个阶段，并在实物期权定价理论的指导下，深入探讨了决策者在投资过程中可能表现出的过度自信倾向。我们的研究不仅关注了决策者的心理特征，还结合了众创平台投资的特殊性。考虑到众创平台相较于普通风险投资的优势，即创业企业一旦进入众创空间，众创平台便获得了对创业企业的优先投资权，这一特权为投资决策提供了额外的灵活性。基于这一前提，我们提出了创业企业收益流遵循随机布朗运动并伴有泊松跳跃的假设，从而构建了一个更为精细的两阶段投资模型。在模型的第一阶段，我们重点研究了决策者的过度自信水平、便利收益指数等关键指标如何影响投资时机的选择。我们分析了决策者在面对不同的市场信号和内部信息时，如何基于过度自信心理做出投资决策，并探讨了这些决策对投资结果的可能影响。在第二阶段，我们进一步对比分析了在创业企业收益流仅呈现随机布朗运动与同时伴有泊松跳跃的两种不同情境下，过度自信、便利收益指数等因素对最优投资时机的影响差异。我们通过数值模拟和敏感性分析，揭示了在不同市场条件下，这些因素如何相互作用，以及它们对投资决策的具体影响。

我们的研究致力于为众创平台的投资决策提供精准的指引和理论支撑，旨在深入剖析过度自信行为在投资过程中的影响，并探索如何在变幻莫测的市场环境中做出明智的投资选择。这项工作不仅有助于众创平台在资源分配上更加精益化，提升投资的效率和成功率，同时也为众多创业企业在众创空间中的成长之路提供了坚实的理论和实践支撑。我们的研究成果如同指南针，为众创平台在投资决策的茫茫大海中指明方向，使决策者能够洞察过度自信可能带来的盲点，从而在评估潜在投资项目时保持清醒的头脑。此外，我们的研究也为如何在不确定性中寻找机遇提供了策略，帮助众创平台在风险和机遇之间找到平衡点。在资源配置方面，我们的研究为众创平台提供了一种新的视角，使其能够更加精准地识别和培育有潜力的创业企业。这种优化不仅体现在资金的支持上，更在于如何通过平台的资源和网络，为创业企业提供成长的土壤和养分。对于创业企业而言，我们的研究不仅是理论上的"灯塔"，更是实践中的助推器。它帮助创业者在众创空间中找到自己的定位，利用平台资源加速创新和成长，同时避免了一些常见的陷阱和误区。最终，我们的研究成果对于推动众创平台与创业企业的共同繁荣具有深远影响。它不仅促进了双方在经济效益上的共赢，还在推动社会创新、带动就业和促进产业升级等方面发挥了积极作用。通过这项研究，我们不仅为学术界贡献了新的知识，也为实践界提供了宝贵的工具，共同绘制了一幅众创平台与众创空间内创业企业和谐共生的美好画卷。

3.1 基于实物期权的众创平台
两阶段投资模型基本假设

假定创业企业处于一个完全竞争的市场环境中,同时,在这个市场中具备一种与该创业企业收益流相关或有类似特征的孪生证券 θ,这种孪生证券具有如下特征:其与创业企业的收益流具有完全一致的风险特征,同时其与该创业企业的收益流的分布特征相同,都服从分布 $N\ (0,\ \sigma_\theta^2)$。

创业企业收益流 $X(t)$ 服从随机布朗运动,即式(3.1):

$$dX(t)=\alpha X(t)dt+\sigma X(t)dZ \tag{3.1}$$

式中, α 被定义为 $X(t)$ 的波动率, σ 被定义为 $X(t)$ 的波动方差,dZ 指的是标准维纳过程, $dZ=\varepsilon\sqrt{t}$, $\varepsilon\sim N(0,\ 1)$。

假设平台决策者存在过度自信心理。

当平台决策者决定对进入平台的创业企业进行投资时,平台决策者可以接收到孪生证券信息 θ 和市场噪声的信息 ε 组合信号 S,该信号为一个随机变量,可表示为式(3.2):

$$S(\theta,\ \varepsilon) \tag{3.2}$$

式中, ε 被定义为创业企业的噪声信息, $\varepsilon\sim N\ (0,\ \sigma_\varepsilon^2)$, ε 和 θ 是相互独立的关系。

$$Var(S)=\sigma_\theta^2+\sigma_\varepsilon^2 \tag{3.3}$$

σ_θ^2 在文中被定义为和创业企业受益相关的孪生证券市场风险指标,现实中,该因素众创平台无法掌控; σ_ε^2 被定义为噪声方差,它的大小取决于众创平台的能力,与平台决策者过度自信水平无关,但存在过度自信心理的平台决策者会对自己处理噪声信息的能力存在错误的认识。过度自信的平台决策者会高估信息 S 的正确性与准确性，众创平台所真正面对的风险被低估，研究中认为，被低估的因素为噪声方差 σ_ε^2，假设众创平台的过度自信系数为 $\rho(0<\rho<1)$，因此，众创平台对噪声方差的认识为式（3.4）：

$$\sigma_\varepsilon'^2 = \rho\sigma_\varepsilon^2 \tag{3.4}$$

ρ 越小表示平台决策者过度自信程度越高。根据概率论中贝叶斯方法，求解得到引入众创平台过度自信后，创业企业受益波动率可以被修正为式（3.5）：

$$\sigma = \sqrt{\frac{\sigma_\theta^2 \sigma_\varepsilon'^2}{\sigma_\theta^2 + \sigma_\varepsilon'^2}} = \sqrt{\frac{\rho\sigma_\theta^2 \sigma_\varepsilon^2}{\sigma_\theta^2 + \rho\sigma_\varepsilon^2}} \tag{3.5}$$

为了使本书中的分阶段投资模型能够适应不确定环境下的风险问题，根据资本定价模型，引入可以反映资产系统不可分散风险利率 μ，即经过风险调整的预期回报率：

$$\mu = r + \phi\sigma\gamma \tag{3.6}$$

式中，r 被定义为无风险利率，ϕ 被定义为市场的风险价格，γ 被定义为创业企业收益流与孪生证券组合的相关性。

模型基本假设中的各参数符号与含义如表 3.1 所示。

表 3.1 参数符号与含义

模型参数	符号	模型参数	符号
第一阶段投资成本	I_1	无风险利率	r
第二阶段投资成本	I_2	便利收益	δ
经风险调整预期回报率	μ	跳跃概率	λdt
孪生证券的市场风险	σ_θ^2	跳跃幅度	φ
收益流与孪生证券相关性	γ	噪声方差	σ_ε^2
创业企业收益流	$X(t)$	市场的风险价格	ϕ

众创平台决策者在投资过程中根据创业企业的发展阶段进行投资以寻求最优投资回报。李恩平等（2011）对企业的投资期进行划分。目的是寻求最优

的投资回报。这种分阶段投资的策略能够更好地适应创业企业不断变化的需求和市场环境，从而提高资金的使用效率和投资的成功率。在这方面，李恩平等（2011）的研究为我们提供了一种有益的视角。他们对企业的投资期进行了详细的划分，将企业的成长过程分为几个关键阶段，并为每个阶段提出了相应的投资策略。具体来说，李恩平等（2011）将企业的投资期划分为初期阶段、成长阶段和成熟阶段。在初期阶段，创业企业通常需要资金来验证其商业模式和市场潜力，因此，众创平台的决策者在这一阶段可能会采取较小规模的种子投资，以支持企业进行产品开发和市场测试。在成长阶段，随着企业商业模式的逐步成熟和市场需求的增加，众创平台可能会进行更大规模的投资，以帮助企业扩大生产规模和市场份额。最后，在成熟阶段，企业的业务已经相对稳定，众创平台的投资决策可能会更加注重企业的长期增长潜力和盈利能力。通过这种分阶段的投资策略，众创平台的决策者能够更加精准地把握投资时机，合理分配资源，从而最大化投资回报。同时，这种策略也有助于降低投资风险，因为决策者可以根据企业在不同阶段的表现来调整投资计划，确保资金投入到最有可能成功的企业和项目中。李恩平等（2011）的研究为众创平台的投资决策提供了理论支持和实践指导，有助于推动众创平台和创业企业的共同发展。

在众创平台对创业企业投资过程的第一阶段，决策者的眼光和判断力至关重要。他们必须在众多充满希望的创业项目中，挑选出那些具有真正成长潜力和市场适应性的种子。这一过程并不简单，它要求决策者具备深厚的行业知识、敏锐的市场洞察力和对未来趋势的预见能力。在这一阶段，众创平台的决策者们通常会采取一系列策略来识别和筛选创业企业。他们可能会通过举办创业大赛、设立孵化器项目或者与高校和研究机构合作，来寻找那些具有创新精神和扎实研究基础的创业团队。这些创业企业往往拥有独特的商业模式或者颠覆性的技术，能够在未来的市场竞争中占据一席之地。当众创平台的决策者们锁定目标创业企业后，他们会进行深入的尽职调查，评估项目的可行性、团队的执行力和市场的接受度。这个过程可能包括对创业企业的商业模式、技术研发、市场前景、财务状况以及管理团队的综合评估。决策者们需要确保投资的每一步都是基于充分的信息和理性的分析。在决定投资之后，众创平台将不仅仅是资金的提供者，更是一个全方位的支持者。他们可能会提供除了资金以外的更多资源，如导师辅导、市场对接、管理咨询等，以帮助创业企业更好地跨越从研发到市场化的鸿沟。

在第二阶段，则是众创平台与创业企业共同成长的阶段。在这个阶段，众创平台将继续监控投资项目的进展，并提供必要的支持和指导。创业企业则利用注入的资金加速科研工作和技术开发，逐步将创新想法转化为成熟的产品或服务。这一过程中，双方的合作关系将被进一步深化，共同面对市场的挑战，共享成长的喜悦和成果。进入第二阶段，创业企业的项目科研技术已经趋于成熟，产品原型已经开发完成，接下来需要大量的资金来进行量产和市场推广。这一阶段是创业企业从研发走向市场的关键转折点，资金的需求量通常会远大于第一阶段。在这个阶段，众创平台的决策者将面临是否继续投资的决定。如果决策者选择再次投入资金，那么他们的目标将是支持创业企业完成产品的规模化生产，以及市场的拓展和占领，以期在未来的某个时点获得最优的投资回报。通过这样的两阶段划分，我们可以更清晰地分析众创平台在创业企业不同发展阶段的投资策略和动机，以及这些策略如何影响创业企业的成长和最终的投资成效。此外，这种分阶段的分析方法也有助于我们理解众创平台在投资决策中可能面临的风险和不确定性，以及如何通过合理的决策来最大化投资回报，同时降低潜在的风险。

3.2　基于实物期权的众创平台
两阶段投资时机分析

第一步，利用或有债权分析的思想，得到众创平台对创业企业投资结束时，创业企业价值满足的偏微分方程，根据一次性投资决策的规则，首先对投资结束时的项目 V（X）进行求解。

根据 Dixit 和 Pindyck（1994）论述，在项目创业企业投资结束时，其企业价值 V（X）满足下面的偏微分方程式（3.7）：

$$\frac{1}{2}\frac{\rho\sigma_\theta^2\sigma_\varepsilon^2}{\sigma_\theta^2+\rho\sigma_\varepsilon^2}Q^2V''(X)+(\mu-\delta)XV'(X)-\mu V(X)+X=0 \tag{3.7}$$

式中，便利收益指数为 δ，δ>0。

上述偏微分方程经过转换，可以得到特解 X/δ。通解可表示为：

$$V(X)=B_1X^{\beta_1}+B_2X^{\beta_2}+\frac{X}{\delta} \tag{3.8}$$

将 $V(X)=BX^\beta+\dfrac{X}{\delta}$ 代入方程可以得到特征方程：

$$\frac{1}{2}\frac{\rho\sigma_\theta^2\sigma_\varepsilon^2}{(\sigma_\theta^2+\rho\sigma_\varepsilon^2)}\beta(\beta-1)+(\mu-\delta)\beta-\mu=0 \tag{3.9}$$

其中，β_1 和 β_2 为上面特征方程（3.9）的两个根：

$$\begin{cases}\beta_1=\dfrac{1}{2}-\dfrac{(\sigma_\theta^2+\rho\sigma_\varepsilon^2)(\mu-\delta)}{\rho\sigma_\theta^2\sigma_\varepsilon^2}+\sqrt{\left(\dfrac{(\sigma_\theta^2+\rho\sigma_\varepsilon^2)(\mu-\delta)}{\rho\sigma_\theta^2\sigma_\varepsilon^2}-\dfrac{1}{2}\right)^2+\dfrac{2(\sigma_\theta^2+\rho\sigma_\varepsilon^2)\mu}{\rho\sigma_\theta^2\sigma_\varepsilon^2}}>1\\[4mm]\beta_2=\dfrac{1}{2}-\dfrac{(\sigma_\theta^2+\rho\sigma_\varepsilon^2)(\mu-\delta)}{\rho\sigma_\theta^2\sigma_\varepsilon^2}-\sqrt{\left(\dfrac{(\sigma_\theta^2+\rho\sigma_\varepsilon^2)(\mu-\delta)}{\rho\sigma_\theta^2\sigma_\varepsilon^2}-\dfrac{1}{2}\right)^2+\dfrac{2(\sigma_\theta^2+\rho\sigma_\varepsilon^2)\mu}{\rho\sigma_\theta^2\sigma_\varepsilon^2}}<0\end{cases}$$

$$\tag{3.10}$$

投机性泡沫 $B_1X^{\beta_1}+B_2X^{\beta_2}$ 部分可以忽略，因此创业企业价值 V(X) 可表示为：

$$V(Q)=\frac{X}{\delta} \tag{3.11}$$

第二步，根据第一步的结果，最优规则下，逆向求解最后阶段创业企业价值的临界值。

同理，最后阶段的投资期权价值 $F_2(X)$ 满足下面的偏微分方程：

$$\frac{1}{2}\frac{\rho\sigma_{\theta}^2\sigma_{\varepsilon}^2}{\sigma_{\theta}^2+\rho\sigma_{\varepsilon}^2}X^2F''_2(X)+(\mu-\delta)XF'_2(X)-\mu F_2(X)=0 \qquad (3.12)$$

式（3.12）同式（3.7）的推导过程是一样的。

偏微分方程式（3.12）的解依然是两个独立解的线性组合，复合下面的形式：

$$F_2(Q)=A_1X^{\beta_1}+A_2X^{\beta_2} \qquad (3.13)$$

若 X 比较小，那么它到达上升至临界价格 X_2^* 的可能性几乎为零，所以，在这种极端情境下，期权是没有价值的，要使 X→0 时，$F_2(X)\to0$ 则 X 的负幂的系数必须为零，即 $A_4=0$，此外，在 X_2^* 处是执行期权的最优时机，因此，众创平台需付出沉没成本 I_2 以获得 $V(X_2)$ 的资产回报；此外，$V(X_2^*)$ 与 $F_2(X_2^*)$ 于 X_2^* 点相切，可得其约束条件为式（3.14）：

$$\begin{cases} A_1(X_2^*)^{\beta_1}=\dfrac{X_2^*}{\delta}-I_2 \\[4mm] \beta_1A_1(X_2^*)^{\beta_1-1}=\dfrac{1}{\delta} \end{cases} \qquad (3.14)$$

求解得式（3.15）~式（3.17）：

$$X_2^*=\frac{\delta\beta_1I_2}{\beta_1-1} \qquad (3.15)$$

$$A_1=\frac{(\beta_1-1)^{\beta_1-1}}{(\delta\beta_1)^{\beta_1}I_2^{\beta_1-1}} \qquad (3.16)$$

$$V_2(X_2^*)=\frac{\beta_1}{\beta_1-1}I_2 \qquad (3.17)$$

第三步，根据第二步求解结果，最优规则下，逆向求解第一阶段创业企业价值的临界值。

同理，第一阶段的投资期权价值 $F_1(X)$ 满足下面的偏微分方程式（3.18）：

$$\frac{1}{2}\frac{\rho\sigma_{\theta}^2\sigma_{\varepsilon}^2}{\sigma_{\theta}^2+\rho\sigma_{\varepsilon}^2}X^2F''_1(X)+(\mu-\delta)XF'_1(X)-\mu F_1(X)=0 \qquad (3.18)$$

式（3.18）同式（3.7）的推导过程是一样的。其解的形式可以表示为式（3-19）：

$$F_1(X) = A_3 X^{\beta_1} + A_4 X^{\beta_2} \tag{3.19}$$

式中，$A_4 = 0$，价值匹配与平滑粘贴条件为式（3.20）：

$$\begin{cases} A_3(X_1^*)^{\beta_1} = V(X_1^*) - I_2 - I_1 = \dfrac{X_1^*}{\delta} - I_2 - I_1 \\[2ex] \beta_1 A_3(X_1^*)^{\beta_1 - 1} = V'(X_1^*) = \dfrac{1}{\delta} \end{cases} \tag{3.20}$$

求解得式（3.21）~式（3.23）：

$$X_1^* = \frac{\delta \beta_1}{\beta_1 - 1}(I_1 + I_2) \tag{3.21}$$

$$A_3 = \frac{(\beta_1 - 1)^{\beta_1 - 1}}{(\delta \beta_1)^{\beta_1}(I_2 + I_1)^{\beta_1 - 1}} \tag{3.22}$$

$$V_1(X_1^*) = \frac{\beta_1}{\beta_1 - 1}(I_2 + I_1) \tag{3.23}$$

3.3 考虑泊松跳跃情境下的众创平台两阶段投资时机分析

在金融数学和随机过程的领域中，布朗运动（Brownian Motion）被广泛认为是一个理想的数学模型，它描述了一个连续的随机扩散过程。在布朗运动的假设下，资产的价格或某种收益流在每个时间点都是连续变化的，并且任何时间间隔内的变化都是独立于其他时间间隔的。这种模型在理论分析和金融产品定价中有着广泛的应用，因为它简化了现实世界的复杂性，提供了一个平滑且易于处理的数学框架。

然而，现实世界，尤其是创业企业的发展轨迹，往往不会完全遵循布朗运动的理想化特征。在创业企业的成长过程中，收益流很少会呈现完全的连续性和平滑性。实际上，创业企业的收益流可能会因为多种外部和内部因素的影响而在某些时刻经历显著的"跳跃"。这些因素可能包括市场环境的突变、技术的突破性进展、政策法规的突然变化，或者是行业内外的其他突发事件。这些"跳跃"在现实中表现为收益流的非预期和非连续性的大幅波动，这在布朗运动的模型中是无法直接捕捉到的。

　　因此，将泊松跳跃过程（Poisson Jump Process）引入对众创平台两阶段投资时机选择的研究，显得尤为重要和必要。泊松跳跃过程是一种能够模拟随机跳跃事件的数学模型，它允许在随机过程中引入离散的、大幅的跳跃，从而更好地反映创业企业收益流的实际变化。通过在模型中融入泊松跳跃过程，我们可以更准确地模拟创业企业在面临突发事件时的收益流变动，为众创平台的投资决策提供更为贴近实际情况的分析框架。这种模型的引入使投资决策者能够更加全面地考虑创业企业收益流的不确定性和潜在的大幅波动，从而在投资时机的选择上做出更为谨慎和合理的判断。这对于众创平台来说，意味着能够更好地评估投资风险，制定更为有效的投资策略，最终提高投资的成功率和整体回报。

　　在本章的研究中，我们考虑了创业企业收益流同时受到随机布朗运动和泊松跳跃过程影响的复杂情境，深入探讨了过度自信水平、便利收益指数等关键指标如何影响众创平台决策者在不同投资阶段的时机选择。这些指标对于理解决策者的行为模式和优化投资策略至关重要。过度自信水平是一个心理变量，它反映了决策者对创业企业未来收益的乐观程度和对自己判断能力的信心。高水平的过度自信可能会导致决策者在评估创业企业的潜在价值时，过分强调正面信息而忽视风险因素，从而可能倾向于在较早的阶段进行投资，期望能够抓住企业成长的高回报期。便利收益指数则是一个经济指标，它衡量了投资决策的灵活性和潜在收益。一个较高的便利收益指数意味着投资决策者拥有更多的选择权和灵活性，可以在不同的市场条件下调整投资策略，以获取更高的收益。

在投资的第一阶段，即创业企业的科研和技术开发时期，平台决策者的过度自信可能会驱使他们更早地投入资金。这种早期投资可能会帮助企业加速技术研发进程，但也可能因为市场和技术的不确定性而带来更高的风险。过度自信的决策者可能会忽视这些风险，认为自己的判断能够准确预测未来的市场趋势和技术发展。到了第二阶段，即创业企业准备量产和市场推广的阶段，引入泊松跳跃过程能够为决策者提供一个更加现实的风险评估框架。在这个阶段，市场环境的变化、消费者需求的波动以及竞争对手的行为都可能对创业企业的收益流产生重大影响。泊松跳跃过程的引入使决策者能够更好地理解和量化这些潜在的市场风险和收益，从而在适当的时机进行二次投资。这种分阶段的投资策略有助于决策者在考虑过度自信心理因素的同时，也能够基于更加全面和现实的市场情况做出投资决策，以最大化投资回报并控制风险。

通过这种综合分析，我们能够更深入地理解在复杂的市场环境下，众创平台决策者在面对创业企业收益流的不确定性和跳跃性时，如何平衡风险和收益，做出合理的投资决策。这不仅有助于众创平台优化其投资策略，也为创业企业在不同发展阶段获得必要的资金支持提供了理论依据。

创业企业收益流 X 带有随机布朗运动及泊松跳跃情境下的模型可抽象为式（3.24）~式（3.25）：

$$dX = \alpha X dt + \sigma X dZ + X dJ \tag{3.24}$$

$$dJ = \begin{cases} 0, & p = 1 - \lambda dt \\ \varphi, & p = \lambda dt \end{cases} \tag{3.25}$$

式中，J 为一个泊松跳跃过程，创业企业收益流 X 发生跳跃的概率为 $p = \lambda dt$，时间的间隔为 dt，跳跃幅度为 $(1+\varphi)$ 倍，φ 表示不确定的事件对创业企业收益流 X 的影响程度，φ 为正值时表示出现了比较有利的情形。

第一步，同不带有泊松跳跃过程的模型求解过程相同，带有泊松跳跃过程的模型中，企业价值满足的偏微分方程，根据一次性投资决策的规则，首先对投资结束时的项目 $V(X)$ 进行求解。

根据 Dixit 和 Pindyck（1994）论述，在创业企业投资结束时，其企业价值 $V(X)$ 满足下面的偏微分方程：

$$\frac{1}{2}\frac{\rho\sigma_\theta^2\sigma_\varepsilon^2}{\sigma_\theta^2+\rho\sigma_\varepsilon^2}X^2V''(X)+(\mu-\delta)XV'(X)-(\mu+\lambda)V(X)+\lambda V[(1+\varphi)X]+X=0$$

(3.26)

式中，便利收益指数为 δ，$\delta>0$。

上述偏微分方程经过转换，可以得到特解 X/δ。通解可表示为：

$X/(\delta-\lambda\varphi)$，$\mu-\lambda\varphi>0$。通解可表示为式(3.27)：

$$V(X)=B_1X^{\beta_1}+B_2X^{\beta_2}+\frac{X}{\delta-\lambda\varphi}$$

(3.27)

投机性泡沫 $B_1X^{\beta_1}+B_2X^{\beta_2}$ 部分可以忽略，因此创业企业价值 $V(X)$ 可表示为：

$$V(X)=\frac{X}{\delta-\lambda\varphi}$$

(3.28)

将式（3.28）代入式（3.26）可以得到：

$$\frac{1}{2}\frac{\rho\sigma_\theta^2\sigma_\varepsilon^2}{\sigma_\theta^2+\rho\sigma_\varepsilon^2}\beta(\beta-1)+(\mu-\delta)\beta-(\mu+\lambda)+\lambda(1+\varphi)^\beta=0$$

(3.29)

方程式（3.29）中参数 β 的解析解无法求得，因此仅可以通过数值模拟仿真的方式加以分析。

第二步，根据第一步结果，在最优规则下，逆向求解最后阶段创业企业价值的临界值。

同理，最后阶段的投资期权价值 $F_2(X)$ 满足下面的偏微分方程：

$$\frac{1}{2}\frac{\rho\sigma_\theta^2\sigma_\varepsilon^2}{\sigma_\theta^2+\rho\sigma_\varepsilon^2}X^2F''_2(X)+(\mu-\delta)XF'_2(X)-(\mu+\lambda)F_2(X)+\lambda F_2[(1+\varphi)X]=0$$

(3.30)

上式的解依然是两个独立解的线性组合，符合下面的形式：

$$F_2(X) = A_3 X^{\beta_1} + A_4 X^{\beta_2} \tag{3.31}$$

若 X 比较小，那么它到达上升至临界价格 X_2^* 的可能性几乎为零，所以，在这种极端情境下，期权是没有价值的，要使 X→0 时，$F_2(X)$→0 则 X 的负幂的系数必须为零，即 $A_4 = 0$，此外，在 X_2^* 处是执行期权的最优时机，因此，众创平台需付出沉没成本 I_2 以获得 $V(X_2)$ 的资产回报；此外，$V(X_2^*)$ 与 $F_2(X_2^*)$ 于 X_2^* 点相切，可得其约束条件为式(3.32)：

$$\begin{cases} A_3\left(X_2^*\right)^{\beta_1} = \dfrac{X_2^*}{\delta - \lambda\varphi} - I_2 \\[3mm] \beta_1 A_3\left(X_2^*\right)^{\beta_1 - 1} = \dfrac{1}{\delta - \lambda\varphi} \end{cases} \tag{3.32}$$

求解得式（3.33）~式（3.35）：

$$X_2^* = \frac{\beta_1 I_2 (\delta - \lambda\varphi)}{\beta_1 - 1} \tag{3.33}$$

$$A_3 = \frac{\left(\beta_1 - 1\right)^{\beta_1 - 1}}{\left[\left(\delta - \lambda\varphi\right)\beta_1\right]^{\beta_1} I_2^{\beta_1 - 1}} \tag{3.34}$$

$$V_2(X_2^*) = \frac{\beta_1}{\beta_1 - 1} I_2 \tag{3.35}$$

第三步，根据第二步求解结果，在最优规则下，逆向求解第一阶段创业企业价值的临界值。

同理，第一阶段的投资期权价值 $F_1(X)$ 满足下面的偏微分方程式(3.36)：

$$\frac{1}{2} \frac{\rho \sigma_\theta^2 \sigma_\varepsilon^2}{\sigma_\theta^2 + \rho \sigma_\varepsilon^2} Q^2 F''_1(Q) + (r - \delta) Q F'_1(Q) - (r + \lambda) F_1(Q) + \lambda F_1\left[(1 + \varphi)Q\right] = 0$$

$$\tag{3.36}$$

其解的形式为式（3.37）：

$$F_1(X) = A_3 X^{\beta_1} + A_4 X^{\beta_2} \tag{3.37}$$

其中，$A_2 = 0$，价值匹配与平滑粘贴条件为式（3.38）：

$$
\begin{cases}
A_1\left(X_1^*\right)^{\beta_1} = V\left(X_1^*\right) - I_2 - I_1 = \dfrac{X_1^*}{\delta - \lambda\varphi} - I_2 - I_1 \\[3mm]
\beta_1 A_1\left(X_1^*\right)^{\beta_1 - 1} = V'\left(X_1^*\right) = \dfrac{1}{\delta - \lambda\varphi}
\end{cases}
\tag{3.38}
$$

求解得式（3.39）~式（3.41）：

$$
X_1^* = \frac{\beta(\delta - \lambda\varphi)}{\beta - 1}(I_1 + I_2)
\tag{3.39}
$$

$$
A_1 = \frac{(\beta_1 - 1)^{\beta_1 - 1}}{\left[(\delta - \lambda\varphi)\beta_1\right]^{\beta_1}(I_2 + I_1)^{\beta_1 - 1}}
\tag{3.40}
$$

$$
V_1\left(X_1^*\right) = \frac{\beta_1}{\beta_1 - 1}(I_2 + I_1)
\tag{3.41}
$$

3.4　数值模拟与仿真

为更加直观地分析带有过度自信的众创平台决策者的分阶段最优投资时机选择模型的效果，该章节将通过 Matlab 仿真与数值模拟相结合的方法对模型进行进一步分析。

假设众创平台计划对某一创业企业进行两阶段投资。在创业企业发展初期，众创平台寻找最优的投资临界值进行投资 $I_1 = 1000$ 万元，以推动创业企业进行科研投入；待创业企业先期科研成果与组织结构稳定后追加投资 $I_2 = 3000$ 万元，以帮助创业企业加快市场拓展，寻求最优的投资回报。当前经济环境下的无风险利率为 $r = 2.3\%$，市场中孪生证券的风险价格 $\varphi = 0.1$，创业企业的收益流与孪生证券的相关性 $\gamma = 0.85$，市场中孪生证券的市场风险 $\sigma_\theta^2 = 0.136$，噪声方差 $\sigma_\varepsilon^2 = 0.257$，众创平台决策者在投资决策时的过度自信水平为 ρ；创业企业产品的便利收益为 $\delta = 4\%$，当众创平台考虑创业企业发展过程中的收益流泊松跳跃过程时，假定收益流跳跃的概率为 $\lambda dt = 3\%$，跳跃幅度为 $\varphi = 1/4$。

有关参数符号及含义与参数值如表 3.2 所示；有关参数符号及含义如表 3.3 所示。

表 3.2　参数符号、含义与参数值

模型参数	符号	参数值	模型参数	符号	参数值
第一阶段投资成本	I_1	1000 万元	噪声方差	σ_ε^2	0.257
第二阶段投资成本	I_2	3000 万元	无风险利率	r	2.3%
市场的风险价格	ϕ	0.1	便利收益	δ	4%
孪生证券的市场风险	σ_θ^2	0.136	跳跃概率	λdt	3%
收益流与孪生证券相关性	γ	0.85	跳跃幅度	φ	1/4

表 3.3　参数符号及含义

模型参数	符号
不带泊松跳跃第一阶段投资企业价值临界值	$V(X_1^*)$
不带泊松跳跃第二阶段投资企业价值临界值	$V(X_2^*)$
带有泊松跳跃第一阶段投资企业价值临界值	$V(\overline{X}_1^*)$
带有泊松跳跃第二阶段投资企业价值临界值	$V(\overline{X}_2^*)$
不带泊松跳跃一次性投资企业价值临界值	$V(X^*)$
带有泊松跳跃一次性投资企业价值临界值	$V(\overline{X}^*)$
众创平台一次性投资成本	I
众创平台决策者过度自信水平	ρ

为了对比一次性投资与阶段性投资间的差异，本部分通过折现的方法得到了众创平台选择一次性投资战略时的投资成本（由于众创平台决策者的过度自信水平未知，因此仅给出一般表达式），见式（3.42）。

$$I = I_1 + \frac{I_2}{1+u} \tag{3.42}$$

当众创平台决策者不考虑创业企业收益流泊松跳跃过程时，为分析众创平台决策者过度自信水平与便利收益参数对第二阶段企业价值投资临界值的影响，通过 Matlab 绘图软件，可以得到如图 3.1 和图 3.2 所示二维与三维关系图像。

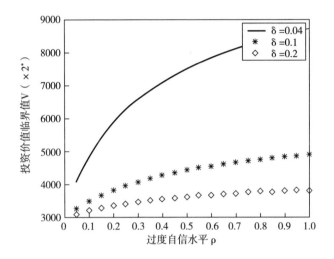

图 3.1　企业价值投资临界值与过度自信水平关系

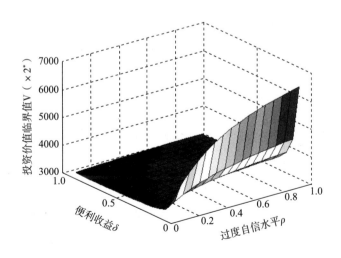

图 3.2　企业价值投资临界值与过度自信水平、便利收益关系

通过分析关系图像，我们可以直观地观察到，在当前的参数设置条件下，众创平台决策者的过度自信水平与第二阶段企业价值投资的临界值之间存在一种反相关的关系。具体来说，当众创平台决策者的过度自信水平较高时，他们在第二阶段对创业企业进行投资的临界价值水平相对较低。这一发现表明，过度自信的决策者倾向于在创业企业的发展水平尚未达到最优决策节点，即企业价值尚未充分显现时，便急于进行投资。这种行为可能会给众创平台带来不必要的风险，因为在企业价值尚未充分验证的情况下提前投资，可能会导致资金浪费，甚至可能对众创平台造成严重的财务损失。具体而言，当众创平台决策者的过度自信水平上升时，他们在第二阶段对创业企业进行投资的临界价值水平相应下降。这意味着，过度自信的决策者可能会在创业企业的市场潜力、技术成熟度或盈利能力尚未得到充分验证的情况下，就认为企业已经具备了投资的条件。这种提前投资的冲动可能会忽视了对企业全面风险评估的重要性，从而增加了投资的不确定性。这种行为的风险在于，如果创业企业未能达到预期的成长目标，或者市场环境发生变化，众创平台可能会面临资金链断裂、投资回报率低下甚至投资完全失败的风险。此外，过度自信导致的提前投资还可能引发一系列连锁反应，如资源错配、市场过度竞争，以及创业企业因过早扩张而导致的内部管理问题等。因此，对于众创平台的决策者而言，认识到过度自信可能带来的负面影响，并采取措施进行调整至关重要。这可能包括建立更加客观的投资评估体系、引入第三方专业评估、增加决策的透明度，以及实施风险分散策略等。通过这些措施，众创平台的决策者可以更加理性地评估创业企业的价值，避免因过度自信而导致的投资失误，从而保护平台的财务安全，促进创业企业的健康成长。

此外，我们还发现第二阶段企业价值投资的临界值与便利收益指数也呈现出反相关的关系。这意味着，当便利收益指数较高时，众创平台决策者在第二阶段对创业企业的投资临界值会相应降低。这里的便利收益指数反映了众创平台决策者持有现货资产可能获得的溢价收益。因此，当便利收益较高时，决策者更倾向于将资金投到实体经济中的创业企业，而不是投资于虚拟经济中的孪生证券。这种现象可以解释为，众创平台决策者在面对较高的便利收益时，更看好实体企业的未来发展潜力，从而愿意在较低的临界价值水平上进行投资。这种现象在一定程度上反映了众创平台决策者的投资偏好和策略。在面对较高的便利收益时，决策者可能更加看好实体经济的长期增长潜力，尤其是对于那些处于快速发展阶段的创业企业。因此，他们愿意在创业企业价值尚未完全成熟的情况下进行投资，期望在企业成长过程中获得更大的收益。

然而，这种基于便利收益指数的投资策略也伴随着一定的风险。如果决策者过分依赖便利收益指数来决定投资时机，可能会忽视其他重要的风险因素，如市场的不确定性、技术的可行性，以及创业团队的执行力等。因此，众创平台的决策者在考虑投资时，应当综合考虑便利收益指数以及其他多种因素，如企业的基本面分析、市场趋势、竞争格局等，以做出更加全面和谨慎的投资决策。总之，通过对第二阶段企业价值投资临界值与便利收益指数关系的分析，我们可以为众创平台的决策者提供更为精细化的投资指导，帮助他们在复杂多变的市场环境中做出更加合理和有效的投资选择。这不仅有助于优化众创平台的资源配置，也能为创业企业在关键成长阶段提供必要的支持，从而促进整个众创空间的健康发展。

综上所述，研究结果揭示了众创平台决策者在投资决策过程中，过度自信水平和便利收益指数是如何影响他们对创业企业第二阶段投资时机的选择。这些发现对于众创平台来说具有重要的实践意义，它们可以帮助平台更好地识别和管理投资风险，优化投资策略，以确保资金的有效利用和投资回报的最大化。同时，这也为创业企业在寻求资金支持时提供了宝贵的参考，即如何根据自身的发展阶段和价值定位来吸引众创平台的投资。对于众创平台而言，这些发现意味着在制定投资策略时，必须充分考虑决策者的心理因素和市场条件。平台应当建立一套科学的评估体系，以识别和衡量决策者的过度自信程度，并结合便利收益指数等多方面的市场指标，来综合判断投资时机。通过这种方法，众创平台能够更有效地识别和管理投资风险，避免因心理偏差导致的投资失误，从而优化投资组合，确保资金的高效配置和投资回报的最大化。同时，这些研究成果也为创业企业在寻求资金支持时提供了重要的启示。创业企业应当清晰地认识到，众创平台的投资决策不仅基于企业的基本面和市场潜力，还受到决策者心理状态和外部市场环境的影响。因此，创业企业在寻求投资时，应当：

（1）准确评估自身的发展阶段和价值，合理定位，以吸引众创平台的关注。

（2）提高信息透明度，减少信息不对称，帮助众创平台决策者做出更理性的投资决策。

（3）强化自身的竞争优势和市场潜力展示，以提升在众创平台眼中的投资价值。

关注众创平台的投资偏好和决策模式，适时调整融资策略和商业计划。

（4）通过这些措施，创业企业不仅能够提高获得众创平台投资的概率，还能够更好地利用外部资金加速自身的成长和发展。总之，本书为众创平台和创业企业之间的互动合作提供了新的视角和策略，有助于推动双方在不确定性环境中实现共赢。

根据相同的制图与分析方法，该章节将给出众创平台决策者分阶段投资过程中第一阶段与一次性投资过程中的企业价值最优投资临界值，为便于对比分析，给出了如图3.3所示的组合图，其中图3.3（a）、图3.3（b）为平台决策者第一阶段投资过程中的创业企业价值最优投资临界值，图3.3（c）、图3.3（d）为平台决策者一次性投资过程中的创业企业价值最优投资临界值。

通过对图3.3的观察研究，可以发现：众创平台决策者分阶段投资过程中第一阶段与一次性投资过程中的企业价值最优投资临界值与过度自信水平和便利收益指数趋势关系同第二阶段最优投资临界值与过度自信水平和便利收益指数趋势关系具有高度的相似性，但通过仔细观察可以发现，最优投资临界值是

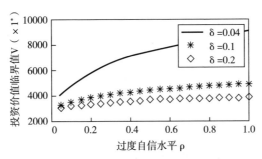

（a）投资价值临界值与过度自信水平关系

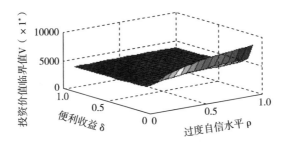

（b）投资价值临界值与过度自信水平、便利收益关系

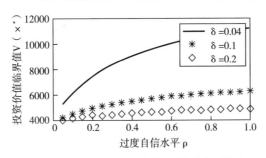

（c）投资价值临界值与过度自信水平关系

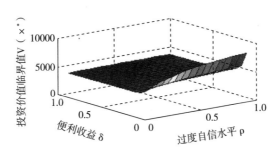

（d）投资价值临界值与过度自信水平、便利收益关系

图 3.3 投资最优价值临界值与过度自信水平和便利收益指数关系

存在差异的。由于带有泊松跳跃过程的投资模型方程不存在解析解，因此，本部分将通过数值模拟的方式，借助 Matlab 软件对数值解进行逼近，以进一步对模型进行挖掘。表 3.4~表 3.6 为通过数值模拟方式得到的平台决策者投资最优临界值随过度自信水平及便利收益指数的变动情况。

表 3.4　δ=0.04 下投资临界值随平台决策者过度自信水平变化

δ=0.04	$V(X_1^*)$	$V(X_2^*)$	$V(X^*)$	$V(\overline{X}_1^*)$	$V(\overline{X}_2^*)$	$V(\overline{X}^*)$
ρ=0.2	7780.30	5835.20	7557.80	9082.60	6811.90	8824.40
ρ=0.5	9993.30	7495.00	9676.60	11828.00	8870.80	11447.00
ρ=0.8	11124.00	8342.20	10747.00	13195.00	9896.60	12748.00

表 3.5　δ=0.05 下投资临界值随平台决策者过度自信水平变化

δ=0.05	$V(X_1^*)$	$V(X_2^*)$	$V(X^*)$	$V(\overline{X}_1^*)$	$V(\overline{X}_2^*)$	$V(\overline{X}^*)$
ρ=0.2	6786.90	5090.2	6594.00	7600.4	5700.3	7384.3
ρ=0.5	8552.80	6414.6	8277.20	9665.7	7249.3	9354.2
ρ=0.8	9458.9	7094.1	9138.40	10722.69	8042.02	10377.15

表 3.6　δ=0.06 下投资临界值随平台决策者过度自信水平变化

δ=0.06	$V(X_1^*)$	$V(X_2^*)$	$V(X^*)$	$V(\overline{X}_1^*)$	$V(\overline{X}_2^*)$	$V(\overline{X}^*)$
ρ=0.2	6166.70	4625.00	5991.40	6704.53	5028.40	6513.95
ρ=0.5	7623.50	5717.6	7377.9	8371.58	6278.69	8101.81
ρ=0.8	8376.70	6282.50	8093.00	9228.76	6921.57	8916.13

根据数值模拟结果，本部分得到如下结论：

（1）随着平台决策者过度自信水平的上升，创业企业阶段最优投资临界值下降。具体来说，当平台决策者的过度自信水平提高时，他们对创业企业在各阶段进行投资的最优临界值相应降低。这表明，过度自信的决策者倾向于在创业企业尚未完全达到理想的投资标准时便提前进行投资，从而可能忽视了潜在的风险。随着平台决策者过度自信水平的上升，创业企业阶段最优投资临界值下降的现象，揭示了过度自信对投资决策行为的潜在影响。这种影响在创业投资领域尤为显著，因为创业投资本身就具有较高的不确定性和风险。过度自信的决策者往往对自己的判断能力过于自信，他们可能会高估创业企业的成功概率，同时低估可能遇到的风险和挑战。具体来说，当平台决策者的过度自信水平提高时，他们对创业企业的评估可能会更加乐观。在这种乐观情绪的驱动下，决策者可能会在创业企业的产品或服务尚未经过充分市场验证、技术尚未成熟或者商业模式尚未完全成型的情况下，就决定进行投资。这种提前投资的行为，虽然可能会帮助创业企业更快地获得发展所需的资金，但也可能因为缺乏足够的谨慎而导致资金被投入不成熟或者高风险的项目中。此外，过度自信的决策者可能会对负面信息视而不见，或者对其重要性进行低估，从而在投资决策中忽略了一些关键的预警信号。这种情况可能导致投资决策的不理性，增加了投资失败的风险。例如，决策者可能会过分相信创业团队的能力，而忽视了市场环境的变化或者竞争对手的威胁。因此，对于众创平台而言，认识到过度自信可能带来的负面影响，并采取措施加以控制和调整，是至关重要的。这可能包括建立更加客观和严格的评估体系，引入多元化的决策机制，以及通过教育和培训提高决策者的自我意识，从而减少过度自信对投资决策的负面影响。通过这些措施，众创平台可以更有效地筛选出真正有潜力的创业企业，同时降低投资风险，提高整体的投资回报率。

（2）采取分阶段投资战略的平台决策者表现出的理性，体现在他们能够根据项目进展和外部环境的变化来调整投资策略，这种灵活性是应对创业投资不确定性的有效手段。分阶段投资允许决策者在每个阶段结束时重新评估项目的风险和潜力，从而做出更加精准的投资决策。这种策略不仅降低了资金一次性投入的风险，也为创业企业提供了根据实际情况调整发展策略的机会。一次性投资战略给平台决策者带来的较大资金压力，可能会导致他们在评估项目时更加谨慎，因此一次性投资的临界值往往会低于分阶段投资的第一阶段临界值。这是因为一次性投资者需要确保资金的安全性和效率，他们不愿意在项目前景尚不明确时投入大量资金。相反，分阶段投资者可以在项目显示出积极的进展迹象时，再决定是否继续投资。根据实物期权理论，外部不确定性实际上是决策者创造价值的机会。在分阶段投资的过程中，平台决策者在第二阶段投资时，已经获得了第一阶段投资时所缺乏的信息。这些新信息可能包括市场反馈、技术进步、竞争对手的动态等，它们有助于决策者更准确地评估创业企业的价值和发展潜力。因此，随着不确定因素的下降，平台决策者的最优投资临界值也会相应下降。这是因为随着信息的积累和不确定性的减少，决策者对项目的信心增强，认为项目的成功概率提高，因此愿意在较低的临界值上进行投资。这种动态调整投资策略的做法，不仅有助于优化资源配置，还能提高投资的整体成功率。此外，分阶段投资还允许决策者在面对不利信息时及时止损，避免进一步的资金损失。这种策略的灵活性使众创平台能够更好地适应市场变化，同时为创业企业提供更加稳健的支持，从而促进双方共赢发展。总之，分阶段投资战略在降低风险、提高决策质量和促进创业企业成长方面，展现出了其独特的优势。

（3）通过对带有泊松跳跃过程与不带有泊松跳跃过程的模型数值解进行对比分析，我们可以更深入地理解投资决策中的风险考量。在考虑泊松跳跃过程的情况下，创业企业的最优投资临界值之所以较高，是因为这一模型更加贴近现实世界的复杂性，其中包含了突发事件对投资收益的影响。泊松跳跃过程在金融数学中通常用来模拟市场中突然出现的重大事件，如技术创新、政策变化或市场需求的剧烈波动，这些事件可能导致资产价格的跳跃性变化。在创业投资领域，这种跳跃性变化可能表现为创业企业的一次性重大收益或损失，从而增加了未来收益的不确定性。平台决策者在面对这样的不确定性时，会采取更加保守的行为倾向。他们可能会要求更高的投资回报来补偿潜在的风险，或者在做出投资决策时会更加谨慎，以避免可能的损失。这种保守倾向体现在对创业企业价值投资要求的提高，即只有当创业企业的表现超出一定的临界值时，决策者才会考虑进行投资。此外，考虑泊松跳跃过程的模型也意味着平台决策者需要更加关注创业企业的风险管理能力。创业企业是否能够有效地应对突发事件，以及是否具有足够的弹性和适应性，成为决策者评估投资机会时的重要考量因素。因此，创业企业在寻求投资时，需要展示其应对不确定性和潜在风险的能力，以提高吸引投资的可能性。总之，带有泊松跳跃过程的模型为平台决策者提供了一个更加全面和现实的投资决策框架。它强调了在高度不确定性的环境下，决策者应该如何调整投资策略，以及创业企业如何通过提高自身的风险管理和应对突发事件的能力，来增加获得投资的概率。这种模型的运用有助于提高创业投资市场的效率和稳定性。

（4）通过对便利收益指数分析可以发现，便利收益指数的增加降低了平台决策者对创业企业投资的最优投资临界值，增加了平台决策者的投资意向，同时缩小了带有泊松跳跃过程模型最优临界值与不带有泊松跳跃过程的模型最优临界值的差距；通过横向比较可以发现，便利收益指数对带有泊松跳跃过程的模型解要比不带有泊松跳跃过程的模型解影响显著。这反映出当便利收益指数增加时，可以在一定程度上降低平台决策者对创业企业发展的不确定的顾虑，提升平台决策者的投资信心（此处信心不是过度自信，是对企业发展市场环境的信心）。政府应当推动虚拟经济服务于实体经济的发展，否则当便利收益指数过低时，投资者对实体经济的发展将失去信心。第二阶段投资最优企业价值临界值小于第一阶段投资最优企业价值临界值，这似乎是当第一阶段投资开始后第二阶段投资便一定会继续下去，其实不然。首先在考虑泊松跳跃过程时，该章节默认的跳跃幅度为正值；其次当企业产值发生跳跃可能导致投资最优投资时机的错失；最后第二阶段最优投资临界值可能是无法到达的，这可能是由于创业企业市场环境急剧恶化，此时平台决策者必须放弃投资，也可能是由于参数的设置出现偏差，因此此时平台决策者应当在投资最优临界值的基础上根据市场信息对投资决策进行适当调整，与时俱进，避免墨守成规。

3.5 本章小结

在深入理解众创平台决策者在投资过程中可能出现的过度自信行为，以及创业企业在收益流上所面临的不确定性挑战的基础上，本书创新性地将过度自信理论融入众创平台决策者对创业企业进行两阶段投资的实物期权分析框架中。这一框架的构建为我们提供了一个全新的视角，以更全面地探讨一次性投资与分阶段投资策略的本质区别，并细致地分析了在创业企业收益流同时受到随机布朗运动和泊松跳跃影响的情况下，过度自信水平、便利收益指数等关键因素如何在不同投资阶段对众创平台决策者的选择产生影响。通过将过度自信理论融入实物期权模型，本书揭示了众创平台决策者在面对创业企业投资决策时，其心理偏差如何与企业的财务表现和市场环境相互作用。我们发现在创业企业的早期阶段，过度自信的决策者可能会因为对未来收益的过于乐观而提前进行投资，而在企业的成长阶段，决策者则会根据新的信息和市场情况调整其投资策略。此外，本书还深入探讨了便利收益指数在决策过程中的重要作用。便利收益指数作为一个关键指标，它不仅反映了创业企业当前的经济状况，还揭示了企业在未来可能获得的超额回报潜力。这一指数对于平台决策者来说，是评估创业企业投资机会的重要参考依据。在创业企业收益流表现出随机布朗运动和泊松跳跃特征的复杂情境下，决策者必须更加细致和精确地评估企业的真实价值。布朗运动代表了收益流的连续性波动，而泊松跳跃则体现了收益流的非连续性跳跃，这两种波动性特征都对投资决策产生了显著的影响。便利收益指数的引入，使决策者能够更好地理解这些波动性特征如何影响投资回报的预期。具体来说，一个较高的便利收益指数可能表明创业企业具有较强的市场竞争力，能够在不确定性中捕捉到更多的盈利机会。相反，一个较低的便利收益指数则可能意味着企业面临较高的市场风险，或者其盈利模式不够稳健。在决策过程中，平台决策者会利用便利收益指数来调整他们对创业企业的投资预期。如果指数显示企业具有高度的便利收益，决策者可能会更加倾向于投资，甚至愿意接受更高的投资临界值。反之，如果指数显示便利收益较低，决策者可能会更加谨慎，要求更高的回报率或者选择不投资。

为了有效地利用便利收益指数，决策者需要结合企业的具体情况，如市场定位、技术优势、管理团队的能力等，来综合评估企业的投资价值。同时，决策者还应该考虑如何通过战略规划和管理优化来提升创业企业的便利收益指数，从而吸引更多的投资。总之，便利收益指数在创业投资决策中的作用不容忽视。它为决策者提供了一个量化工具，帮助他们在复杂多变的市场环境中做出更加合理和高效的投资选择。通过对这一指数的深入研究和应用，众创平台能够更好地服务于创业企业，促进双方的共同成长和繁荣。研究结果表明，与一次性投资相比，两阶段投资机制能够有效减轻平台决策者在资金上的压力，同时降低投资的整体风险。这种分阶段的投资策略为平台决策者提供了更多的灵活性和调整空间，使他们能够根据创业企业的实际发展情况和市场环境的变化，更加合理地分配投资资源。此外，研究还发现，平台决策者的过度自信行为在一定程度上会增加投资的风险。然而，当考虑到创业企业的收益流服从几何布朗运动与泊松跳跃的混合过程时，这种过度自信行为对投资时机选择的影响可以得到一定程度的缓解。这一发现提示我们，在评估投资时机时，应当充分考虑市场的不确定性因素，以及决策者自身可能的心理偏差。值得注意的是，便利收益指数的增长对于缓解平台决策者过度自信行为带来的投资风险具有积极作用。随着便利收益指数的提升，平台决策者的投资信心也得到了增强，这使他们在面对不确定性时能够更加稳健地进行投资决策。因此，众创平台在制定投资策略时，应当重视便利收益指数的变化，以此来优化投资结构，提高投资效率。

在此基础上，本书进一步强调了在众创平台与创业企业互动过程中，建立有效的沟通机制和风险评估体系的重要性。这不仅能够帮助众创平台决策者更加客观地评估投资机会，还能够帮助创业企业更准确地传达其商业模式的可行性和增长潜力。以下是本书对双方的具体启示和续写扩写内容：对于众创平台而言，本书的结果意味着：

（1）需要定期对决策者进行心理培训，以提高他们对自身认知偏差的认识，从而减少过度自信对投资决策的负面影响。

（2）应当建立更为灵活的投资组合，以应对收益流的不确定性，并通过分散投资来降低整体投资风险。

（3）加强与创业企业的沟通，确保信息的透明度和准确性，以便更好地评估企业的真实价值。

对于创业企业而言，本书的指导意义包括：

（1）需要清晰地认识到众创平台决策者的心理特征，并在筹资过程中针对性地展示自身的优势和潜力。

（2）应当建立健全的财务管理体系，提供准确和透明的财务数据，以增强投资者的信心。

（3）创业企业应当制订合理的商业计划，充分考虑市场风险和收益流的不确定性，以吸引众创平台的投资。

总之，本书为众创平台和创业企业的合作提供了新的视角和策略，有助于双方在风险管理和投资决策上实现更加高效和稳健的合作，共同推动创新创业生态系统的健康发展。通过不断优化投资决策模型和提升决策质量，我们可以期待众创平台和创业企业在未来的合作中能够更好地应对市场挑战，实现双方的共赢发展。

4 众创平台三边道德风险规制分析

当创业企业决定加入众创空间，以利用其提供的培育和孵化服务时，它们将获得众创平台提供的综合支持。这些支持服务包括但不限于资金注入、市场拓展、品牌建设、技术指导、管理咨询和法律援助等多个层面，每一项服务都是量身定制，旨在加速创业企业的成长步伐，提高其生存率和成功率。然而，众创平台面临着资金资源的限制，这迫使它们必须探索和开拓新的资金渠道，以保障其服务的连续性和质量。

为了解决资金瓶颈问题，众创平台在采取多种策略吸引和引入外部资金方面展现了极大的灵活性和创新性。与风险投资机构的合作，尤其是建立长期战略伙伴关系，不仅为创业企业带来了资金注入，还带来了风险投资机构的专业知识、市场网络和资源整合能力，这对于初创企业来说是无价的。众创平台通过这种方式，不仅能够为入驻的创业企业提供更多的资金支持，还能够促进创业企业与风险投资机构之间的深度合作。这种合作模式通常包括共同投资、联合孵化、资源共享等多个层面。例如，风险投资机构可能会提供除资金以外的增值服务，如市场推广、管理咨询、技术支持等，这些都是创业企业在成长过程中急需的。此外，众创平台通过扩充现金流，能够确保其持续为创业企业提供高质量的办公空间、实验设施、技术研发平台等基础设施。这些都是创业企业研发新产品、开拓市场、实现商业化的基础。众创平台的财务基础得以加强，也意味着它能够更加大胆地投资于自身的品牌建设、服务升级和技术创新，从而提升整个平台的竞争力。通过这些多元化的资金筹集策略，众创平台不仅能够维持其日常运营，还能够不断优化和提升服务质量。例如，众创平台可以设立种子基金，为早期创业项目提供启动资金；可以建立导师制度，邀请行业专家为创业企业提供指导；还可以举办各种创业大赛和交流活动，为创业企业搭建展示和交流的平台。

众创平台的这些努力，为创业企业提供了更加全面和深入的支持，帮助它们克服初创阶段的种种困难，加速成长。同时，这也共同推动了创新创业生态系统的繁荣，为经济发展注入了新的活力。在这个过程中，众创平台自身也成长为连接创业者、投资者、市场和其他创新要素的重要枢纽，为社会的可持续发展贡献了力量。然而，资金的引入和利益的分配不可避免地会带来博弈问题。在众创平台、风险投资机构和创业企业之间，存在着复杂的利益关系和潜在的冲突。这种利益分配的复杂性可能会导致道德风险问题的出现，即各方可能会为了追求自身利益而采取损害其他方的行为（见图4.1）。这些道德风险问题可能包括信息不对称、机会主义行为、违约等，它们的存在可能会威胁到众创空间的稳定运营和创业企业的健康发展。

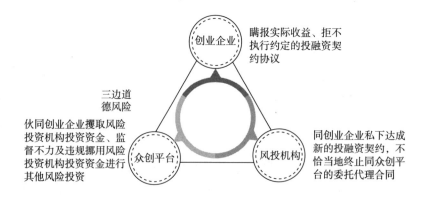

图 4.1 众创空间内三边道德风险框架示意图

针对众创空间运营中可能出现的道德风险问题,本章致力于构建一个全面的三边道德风险规制模型,该模型不仅涵盖了众创平台、风险投资机构和创业企业三者之间的互动关系,而且还考虑了它们各自的利益诉求和行为动机。通过这一模型的构建,我们旨在深入剖析众创空间在运营过程中可能遭遇的道德风险,并在此基础上提出一系列切实可行的规制策略和解决方案。在三边道德风险规制模型中,首先,我们分析了众创平台可能面临的道德风险。这包括平台管理者可能出现的滥用职权、信息不对称导致的资源错配,以及对于创业企业监督不力等问题。针对这些问题,模型提出了建立透明化的运营机制、完善内部监督体系,以及实施绩效评估等规制措施。其次,对于风险投资机构,模型考虑了其在投资过程中可能出现的道德风险,如过度干预创业企业的运营、追求短期利益而忽视长期发展等。为了规制这些行为,模型建议建立投资机构与创业企业之间的信任机制、明确投资条款以保护创业企业的自主权,以及实施长期激励机制。最后,针对创业企业,模型探讨了其可能存在的道德风险,如虚报项目进展、挪用资金、知识产权侵权等。为了防范这些风险,模型提出了加强创业企业的诚信教育、完善合同管理,以及建立知识产权保护机制等措施。通过这一三边道德风险规制模型,我们能够更全面地理解众创空间中各主体间的相互作用,以及它们在追求各自利益最大化过程中可能产生的道德风险。模型的构建不仅有助于提高众创空间的运营效率,还能够促进各主体之间的良性互动,保障众创空间健康、稳定地发展。此外,该模型还为政策制定者和行业监管者提供了有益的参考,有助于他们制定更加科学合理的政策和法规,以促进整个创新创业生态系统的和谐发展。

在构建这一模型的过程中,我们特别关注了众创平台决策者的过度自信心理特征。过度自信可能导致决策者对项目风险的评估出现偏差,从而影响其投资决策和行为,这可能会进一步加剧道德风险的问题。为了更准确地刻画这一现象,我们在模型中引入了过度自信的变量,并分析了它对众创平台决策行为的具体影响。同时,我们认识到风险投资机构在众创空间中的重要作用,以及其可能存在的违约行为对众创平台和创业企业带来的风险。因此，我们在模型中设计了违约补偿机制，探讨了在风险投资机构未能履行合同义务时，如何通过补偿措施保障众创平台和创业企业的权益。这一机制旨在通过经济激励和法律约束，减少风险投资机构的道德风险行为，确保合作的稳定性和公平性。

通过对该三边道德风险规制模型的深入分析，我们期望能够揭示众创空间中各方关系的动态变化规律，识别出引发道德风险的关键因素，并为众创平台、风险投资机构和创业企业提供一个更加公平、高效的合作框架。这一框架的核心在于，它不仅强调了合作各方的权益保护，还注重于构建一个相互信任、相互促进的合作环境。在这一框架下，首先，我们关注的是如何通过制度设计和激励机制来降低信息不对称带来的道德风险。例如，通过建立透明的信息披露机制，确保众创平台、风险投资机构和创业企业之间信息的及时、准确传递，从而减少因信息不对称导致的误解和冲突。其次，我们探讨了如何在合作框架中嵌入有效的监督和约束机制。这包括设立独立的第三方监督机构，对众创平台的运营管理、风险投资机构的行为和创业企业的项目执行进行监督，确保各方遵守合作协议，维护合作秩序。此外，该框架还提出了建立多维度评价体系的想法，通过定性和定量相结合的方法，对合作各方的表现进行综合评价。这不仅有助于及时发现和纠正道德风险行为，还能为各方提供反馈，促进其不断优化自身行为，提高合作效率。最后，该框架还强调了持续学习和创新的重要性。在快速变化的创业环境中，众创平台、风险投资机构和创业企业都需要不断学习新的知识和技术，创新合作模式，以适应市场的变化，降低道德风险。

总之，这一合作框架的建立不仅有助于各方更好地理解和应对合作过程中的风险与挑战，也为制定有效的风险防范措施和合作协议提供了坚实的理论基础。通过这一框架的实施，我们有望看到一个更加健康、有序的众创空间生态系统，为推动社会经济的创新发展贡献力量。此外，研究还将为政策制定者提供参考，帮助他们设计更加合理的政策和法规，以促进众创空间健康有序地发展，保护创业企业的合法权益，同时吸引更多的风险投资机构参与到创新创业活动中来，共同推动经济社会的发展。众创空间内三边道德风险框架示意图如图4.1所示。

基于理性人假设，模型假定 VC 为委托人，委托 CIP 对前景较好的 EV 进行风险投资，既存在私下与创业企业建立投融资契约的道德风险问题，又面临着 CIP 违规挪用委托资金和 EV 瞒报真实收益的威胁。CIP 作为代理人，在投融资契约中居于主导地位，负责契约制定，既面临着 VC 与 EV 越过平台私下签订双边契约及 EV 瞒报实际收益的威胁，又存在违规挪用 VC 资金进行其他风险投资的过度自信倾向（Hayward 等，1997）。EV 通过吸引投资与创业指导，将创意转化为产品以实现收益，但可能瞒报实际收益，具有机会主义（Opportunism）行为特性。在现有研究中，Heath 和 Tversky（1991）、Russo 和 Schoemaker（1992）、Graham 等（2009）认为，决策者的过度自信源于决策者对结果掌控能力的过度乐观。Rafaeli 和 Ravid（2003）、李潇潇等（2010）、Vericourt 等（2013）、Ren 和 Croson（2013）通过实证与实验方法研究了高管过度自信的行为影响。Tian 和 Lau（2011）、杨扬等（2011）、Galasso 和 Sim-coe（2011）、陈夙和吴俊杰（2014）、Bereskin 和 Hsu（2014）认为高管过度自信有利于提升企业绩效；而 Moore 和 Healy（2008）、Qin 和 Yang（2008）认为高管过度自信将损害企业绩效。在复杂的治理体系中，过度自信往往与其他因素共同影响高管决策和企业绩效。包兴（2017）、吴士健等（2017）分别对过度自信与惩罚机制、过度自信与解聘补偿机制在管理决策中的作用进行了研究；浦徐进和诸葛瑞杰（2017）、潘清泉和鲁晓玮（2017）、王铁男和王宇（2017）对过度自信对企业绩效的影响进行了研究；Hugh（2012）尝试规制了契约合同中的违约补偿问题，Humphery（2016）分析了高管过度自信与补偿结构。在契约履行的道德风险方面，黄志烨等（2016）、付辉和黄建康（2017）从双边道德风险视角对契约设计进行了研究；黄健青等（2017）对创业企业和众筹项目融资中的道德风险进行了建模分析。本书所构建的三边道德风险契约模型既是为解决众创平台、风险投资机构及创业企业间的风险道德问题，根据实际需要进行构建的。

4.1 基本假设与三边道德风险规制模型构建

4.1.1 模型基本假设

考虑众创平台运营的实际情况，为便于分析，假设风险投资机构和创业企业均具有同质性，即均具有相同的投资偏好和创业能力。同时，模型假设如下：

（1）风险投资机构（VC）委托众创平台（Crowd Innovation Platform，CIP）对创业企业进行投资，EV通过吸引风险投资进行创业，将创意转化为产品。不考虑创业失败的情况，假设EV的单位投资净收益为a，契约规定EV的收益分享比例为ξ_3，CIP的分享比例为ξ_2，VC获取的收益分享比例为ξ_1。考虑到机会主义行为倾向，拥有私有收益信息的EV并不会如实披露创业收益情况，而是采取各种措施转移或隐瞒收入。假设EV隐瞒或转移的收入比例为$1-\theta$，则其真实披露的收入比例为θ。θ越偏离1，表示违约程度越高。

（2）假设CIP从VC那里获取的委托资金额度为b。在过度自信和机会主义行为作用下，CIP并不会把所有的融资用于创业企业投资，而可能会截留部分用于其他高风险高回报的投资项目，如理财项目等。假设CIP用于创业投资的资金比例为α，则其违规截留的资金比例为$1-\alpha$。α越偏离1，表示其违约程度越高。因此，CIP投资创业企业获取的收益为$\xi_2\theta a\alpha b$，投资高风险项目获取的收益为$(1-\alpha)(\theta a+\varepsilon)b$。其中，$\varepsilon \sim N(0, \sigma^2)$，被视为随机扰动因素，假定理性的众创平台可以精确识别ε的具体分布；但对于过度自信的众创平台而言，其 ε 分布满足 $\varepsilon \sim N(0, t\sigma^2)$ 关系，$t \in (0, 1)$。t 越小，表明 CIP 的过度自信水平越高；反之，过度自信水平越低。

（3）假设 CIP 是风险规避型的，VC 及 EV 均为风险中性。CIP 的效用函数为 $U(\pi_2) = e^{-\rho\pi_2}$，其中，$\rho$ 为绝对风险规避系数。

（4）禁止 VC 绕过 CIP 直接与 EV 建立双边契约。风险投资机构违约，会对 CIP 收益造成破坏，故 EV 需向众创平台支付违约金。违约金可表示为 $I = g(\alpha, \xi_2, \theta)$，且 $\frac{\partial I}{\partial \alpha} > 0$，$\frac{\partial I}{\partial \xi_2} > 0$，$\frac{\partial I}{\partial \theta} > 0$，表明 CIP 将风险资金用于 VE 投资的比例越高、CIP 收益分成比例越高及 VE 披露的投资净产出比例越高，则 VC 须支付给 CIP 的违约补偿就越高。同时，假设 CIP 将风险资金用于创业投资的比例满足 $\alpha = f(\rho, \xi_2)$，且 $\frac{\partial \alpha}{\partial \rho} > 0$，$\frac{\partial \alpha}{\partial \xi_2} > 0$，印证了 CIP 的绝对风险规避系数越大，将风险资金用于创业投资的比例越高。ω 表示 VC 绕过 CIP 与 EV 直接签订双边投资契约的概率，即 VC 的违约概率；δ_1 表示双边契约下 VC 的收益分成比例，δ_2 表示双边契约下 EV 获得的收益分成比例。参数符号及含义如表4.1所示。

表4.1 参数符号及含义

符号	含义	符号	含义
a	创业企业单位投资净产出	I	风险投资机构违约补偿金额
b	风险投资机构的投资金额	ρ	众创平台的绝对风险规避系数
α	众创平台投资创业企业的资金比例	t	众创平台的过度自信水平
ω	风险投资机构的违约倾向	σ^2	众创平台违规投资的收益波动方差
θ	创业企业真实披露的净产出比例	$\overline{\pi}_1$	风险投资机构的保留收益
π_1	风险投资机构获得的投资净收益	$\overline{\pi}_2$	众创平台的保留收益
π_2	众创平台获得的投资收益	$\overline{\pi}_3$	创业企业的保留收益
π_3	创业企业真实获取的投资收益	ξ_1	风险投资机构的收益分成比例
ξ_2	契约中众创平台收益分成比例	ξ_3	创业企业的收益分成比例
δ_1	双边契约下风险投资机构的收益分成比例	δ_2	双边契约下创业企业的收益分成比例

4.1.2 三边道德风险模型的构建

根据模型假设条件可得：

VC 的期望收益为 $E(\pi_1) = (1-\omega)\xi_1\theta a\alpha b + \omega(\delta_1\theta ab - I)$

CIP 的期望收益为 $E(\pi_2) = (1-\omega)[\xi_2\theta a\alpha b + (1-\alpha)\theta ab] + \omega(\bar{\pi}_2 + I)$

EV 的期望收益 $E(\pi_3) = (1-\omega)[\xi_3\theta a\alpha b + (1-\theta)a\alpha b] + \omega ab[\delta_2\theta + (1-\theta)]$

因此，CIP 的确定性等价收入为：

$$E(\pi_2) = (1-\omega)\left[\xi_2\theta a\alpha b + \left(\theta a + \frac{1}{2}\rho t\sigma^2\right)(1-\alpha)b\right] + \omega(\bar{\pi}_2 + I)$$

假定 CIP 的最终目标为自身效用最大化。将受益分成及违约补偿机制引入到 VC、CIP、EV 间的委托代理模型，同时注意到 CIP 自身存在过度自信的倾向，因此，在满足 VC 和 EV 参与约束和激励相容约束的前提下，CIP 所要处理的合同契约可以模型化为式（4.1）：

$$\max(1-\omega)\left[\xi_2\theta a\alpha b + \left(\theta a + \frac{1}{2}\rho t\sigma^2\right)(1-\alpha)b\right] + \omega(\bar{\pi}_2 + I) \qquad (4.1)$$

$$IR(1-\omega)\xi_1\theta a\alpha b + \omega(\delta_1\theta ab - I) \geqslant \bar{\pi}_1$$

$$and(1-\omega)[\xi_3\theta a\alpha b + (1-\theta)a\alpha b] + \omega ab[\delta_2\theta + (1-\theta)] \geqslant \bar{\pi}_3$$

$$IC\pi_1(\omega^*) \geqslant \pi_1(\omega)$$

$$and\ \pi_3(\omega^*) \geqslant \pi_3(\omega)$$

通过对模型求解可知目标函数可简化为式（4.2）：

$$\max(1-\omega)\left[\alpha ab + \left(\theta a + \frac{1}{2}\rho t\sigma^2\right)(1-\alpha)b\right] + \omega\bar{\pi}_2 - (\bar{\pi}_1 + \bar{\pi}_3) \qquad (4.2)$$

上述三边契约模型涵盖了 CIP 最优目标函数、VC 及 EV 的参与约束与激励相容约束，并充分考虑了各方违约情况。在保证 CIP 正常运作的基础上，决策目标以实现 VC、CIP 及 EV 目标函数的帕累托最优为依据。

4.2　过度自信、违约补偿与三边

道德风险规制分析

信息不对称情境下，EV 的单位投资净产出 a，VC 违约倾向 ω 等参数作为私有信息，对 CIP 来说是不可观测的。所以，CIP 尽可以根据某些特定已知的信息来制定他们之间的契约合同。根据所构建的三边道德风险规制模型可得式（4.3）~式（4.6）：

$$\alpha^* = \frac{\delta_1 - \dfrac{I}{\theta ab}}{\xi_1} \tag{4.3}$$

$$\omega^* = 1 - \frac{\delta_1 \xi_1}{\delta_1 \xi_1 + \left(\delta_1 - \dfrac{I}{\theta ab}\right)(\xi_1 + \xi_2)} \tag{4.4}$$

$$\theta^* = 1 - \frac{\rho t \sigma^2}{2a} \tag{4.5}$$

$$\xi_2^* = \frac{\left(\theta a + \dfrac{1}{2}\rho t \sigma^2\right)b - \dfrac{\partial I}{\partial \alpha}\omega}{(1-\omega)\theta ab} \cdot \frac{1}{\alpha} \tag{4.6}$$

式中，α^*、ω^*、θ^*、ξ_2^* 分别表示 CIP 最优依约投资比例、VC 最优违约倾向、EV 披露单位投资净产出的最优比例、CIP 的最优收益分成比例。

4.2.1　众创平台过度自信与创业企业最优收益

为规制 EV 瞒报实际投资产出的违规行为，就 EV 最优实报单位投资净产出比例 θ^* 分别对参数 a、t、ρ、σ^2 求导，可得最优一阶条件为：

$$\frac{\partial \theta^*}{\partial a} > 0; \quad \frac{\partial \theta^*}{\partial t} < 0; \quad \frac{\partial \theta^*}{\partial \rho} < 0; \quad \frac{\partial \theta^*}{\partial \sigma^2} < 0$$

通过 Matlab 仿真软件绘图，可以得到如图 4.2 所示仿真曲线。

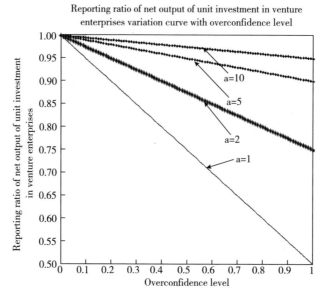

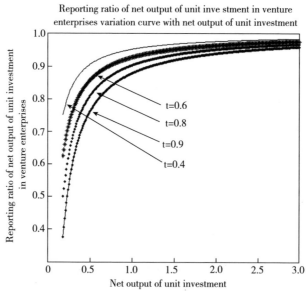

图 4.2　EV 违规瞒报收益水平随收益水平及 CIP 过度自信水平变化的曲线

根据上述一阶最优条件的分析，我们可以得出结论，创业企业（EV）的单位投资净产出与最优实报比例之间呈正相关关系。换句话说，当 EV 的单位投资净产出增加时，其倾向于报告更高的实际收益比例。这种净产出的增加主要源于创业收益的提升和投资成本的减少，这两者又受项目的优质程度和市场前景的影响。因此，对于众创平台（CIP）和风险投资机构（VC）而言，选择那些市场前景广阔、成功率高的创业项目进行投资，并提供必要的创业辅导，不仅能够提高预期收益水平，还能够有效降低 EV 在道德风险方面的潜在问题。进一步分析发现，EV 的最优实报比例与 CIP 的过度自信水平呈正相关关系，而与 CIP 的绝对风险规避系数以及违规投资收益的波动方差呈负相关关系。根据实物期权理论中的不确定性原理，当 CIP 的过度自信水平较高时，其倾向于挪用资金进行高风险投资的动机也会增强。在这种情况下，为了获取更多的创业资金投入，EV 会努力提高其收益披露的水平，从而降低了 EV 瞒报真实收入的风险。

在假设 CIP 是风险规避型的前提下，当 CIP 违规进行高风险项目投资时，如果面临的不确定性因素增加或风险加大，CIP 的违规倾向将会下降。相反，EV 的机会主义行为可能会增加，其违约倾向也随之上升。因此，外部风险因素对三边契约的履行情况有着显著影响。为了降低 CIP 和 EV 的道德风险，有必要加强金融监管，规范金融秩序和信用管理。通过这些措施，可以有效地约束各方的行为，确保契约的顺利执行，从而保护投资者的利益并促进创业企业的健康发展。

综上可得如下结论：

结论 1：众创平台的过度自信水平上升，创业企业违规瞒报收益的倾向下降，投资收益的真实披露水平上升。

结论 2：众创平台绝对风险规避系数和违规挪用资金投资高风险项目的风险受随机扰动因素波动方差的上升而上升，违规挪用资金投资的可能性降低，EV 违规瞒报程度上升。

结论3：创业企业单位投资净产出越高，其违约倾向越低，投资收益的真实披露水平越高。

4.2.2　众创平台过度自信、违约补偿与风险投资机构最优收益

为规制 VC 违约，就 VC 最优违约倾向 ω^* 分别对 δ_1、ξ_1、I、b 求导，可得最优一阶条件为：

$$\frac{\partial \omega^*}{\partial \delta_1}>0;\quad \frac{\partial \omega^*}{\partial I}<0;\quad \frac{\partial \omega^*}{\partial b}>0$$

当 $I>\alpha^*\xi_2\theta ab$ 时，$\dfrac{\partial \omega^*}{\partial \xi_1}>0$；当 $I<\alpha^*\xi_2\theta ab$ 时，$\dfrac{\partial \omega^*}{\partial \xi_1}<0$

通过 Matlab 仿真软件，可以得到 VC 的违约倾向随其收益分成比例的波动曲线，如图4.3所示。

当 $\delta_1-\dfrac{I}{\theta ab}<0$ 时，契约模型将失去研究意义，因为此时 VC 付出的违约成本远大于违约所带来的收益。对于 VC 而言，此时不存在道德风险问题。根据上述最优一阶条件的分析，我们可以得出风险投资机构（VC）选择越过众创平台（CIP）与创业企业（EV）直接签订双边契约的概率，与多个因素相关。具体来说，这一概率与三边契约下的收益分成比例呈负相关关系，意味着如果三边契约中 VC 的收益分成比例较低，VC 更有可能选择违约，直接与 EV 签订双边契约。相反，如果双边契约下的收益分成比例较高，VC 违约的概率也会增加，因为这样可以获得更多的投资收益，这体现了资本追求利润的本质。

VC 违约前后收益的变动是其决定是否采取违约行为的关键因素。收益分成比例的增加，意味着 VC 可以获取更多的投资回报，在违约能够带来更多利益的情境下，理性的 VC 很可能会选择违约。然而，这种行为违背了公平契约的精神，可能导致 CIP 的前期投入无法收回。因此，投资平台有合理理由向 VC 索取违约补偿。对于创业企业而言，风险投资通常是相对稀缺的资源，VC 往往在融资链条中占据较为有利的地位。如果违约补偿较低，对 VC 的违约行

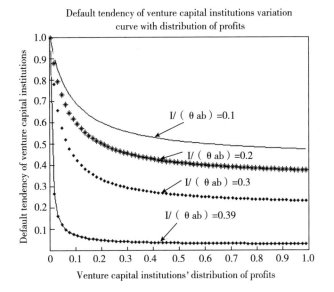

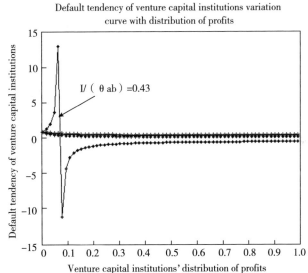

图 4.3 VC 违约倾向随其收益分成比例变化的曲线

为影响有限；但随着违约成本的增加，当违约带来的收益不足以覆盖违约成本时，VC 的道德风险问题将得到有效控制。因此，提高 VC 的违约补偿金额，或者通过吸收更多的风险投资来降低资本的稀缺性，都有助于减少 VC 的违约行为。

另外，CIP 违规挪用投资基金用于高风险项目的比例可以较好地反映其过度自信水平。挪用比例越高，表明 CIP 的过度自信水平越高，其期望收益也越高。但这种行为是以损害 VC 和 EV 的收益为代价的。理性的 VC 在察觉到 CIP 的违约倾向时，可能会选择直接与 EV 签订双边契约，以保护自己的利益。因此，CIP 的过度自信水平越高，VC 越过 CIP 单独与 EV 签订双边契约的概率也就越高。这种情况表明，CIP 的过度自信不仅增加了自身的风险，也可能促使 VC 采取保护性措施，从而改变原有的投资合作关系。

综上可得如下结论：

结论4：三边契约中风险投资机构的收益分成比例增加，违约倾向降低；违约补偿机制有效规制了风险投资机构的道德风险问题。

结论5：风险投资总额增加，众创平台的过度自信水平提高，风险投资机构的违约倾向上升。

4.2.3 众创平台过度自信、违约补偿与众创平台最优收益

为规制 CIP 违规挪用风险资金用于其他高风险项目，就 CIP 的最优依约投资比例 α^* 分别对 δ_1、ξ_1、I、b 求导，可得最优一阶条件为：

$$\frac{\partial \alpha^*}{\partial \delta_1}>0; \quad \frac{\partial \alpha^*}{\partial \xi_1}<0; \quad \frac{\partial \alpha^*}{\partial I}<0; \quad \frac{\partial \alpha^*}{\partial b}>0$$

从一阶最优条件的分析中，我们可以看出众创平台（CIP）的违约行为与几个关键因素紧密相关。具体而言，CIP 的违约倾向与三边契约中风险投资机构（VC）的收益分配比例、VC 的违约赔偿成本，以及 CIP 自身的过度自信程度成正比，而与风险投资的总规模成反比。

在三边契约模式下，若 VC 的收益分配比例较高，CIP 所获得的份额自然减少。这可能会激励 CIP 为了追求更高的回报而将资金转投至更高风险的项目，这种行为虽然旨在追求更高收益，但也增加了违约的可能性。

当 VC 的违约赔偿成本上升时，VC 倾向于违约并与 EV 直接建立双边契约的可能性会降低。这可能会让 CIP 觉得自己的违约行为不会受到严厉的惩罚，从而加强了其违约的意愿。换言之，VC 违约赔偿成本的增加，可能在某种程度上促进了 CIP 的违约行为。

在 EV 的单位投资净产出保持恒定的情况下，随着风险投资总额的增加，CIP 可以预期的收益也会增多。在这种情况下，CIP 的违约动机可能会减少，因为通过正常的收益分配就能获得满意的回报，无须通过高风险的违约行为来追求额外收益。此外，CIP 的过度自信程度也是一个关键因素。过度自信程度越高，CIP 对其他高风险投资项目的预期收益就越乐观，因此，其违规使用风险资金的可能性也就越大。这种过度自信可能导致 CIP 忽视潜在的风险，采取更为冒险的投资策略，从而增加了整个投资体系的风险。

总结来说，CIP 的违约行为是多种因素相互作用的结果。为了减少 CIP 的违约动机，需要采取多管齐下的策略，包括调整收益分配比例、提高违约赔偿成本、增强风险投资总额的透明度，以及通过教育和监管等手段降低 CIP 的过度自信程度。通过这些措施，可以有效规范 CIP 的行为，保障投资者的利益，促进一个健康和稳定的投资环境。

综上可得如下结论：

结论 6：三边契约下风险投资机构的收益分成比例增加，众创平台违规挪用投资基金的倾向上升，道德风险增加。风险投资机构违约补偿的引入提高了众创平台的违约倾向。

结论 7：风险投资总额增加，众创平台违规挪用投资基金的倾向降低，道德风险下降。

4.3 众创平台过度自信与代理成本

在众创平台的运营过程中，信息不对称是一个普遍存在的问题，它存在于众创平台与风险投资机构、创业企业签订的三边契约合同之中。由于信息不对称，众创平台往往无法有效地监测到风险投资机构的违约倾向以及创业企业的实际产出水平。然而，在理想的信息对称情境下，这些信息是可观测的：众创平台能够清晰地了解到风险投资机构的违约可能性以及创业企业的真实生产能力。在信息对称的情况下，众创平台可以基于完全信息来设计契约，从而确保激励相容约束的有效性。这意味着，通过适当的契约设计，可以确保风险投资机构和创业企业的行为与众创平台的利益一致，从而避免道德风险。然而，在现实的信息不对称情况下，这种激励相容约束可能会失效，因为众创平台无法确保风险投资机构和创业企业会按照其最优利益行事。因此，在信息不对称的契约设计中，众创平台的主要目标是确保风险投资机构和创业企业的参与，而不仅仅是设计出完美的激励方案。众创平台的代理成本具体可以包括以下几个方面：一是监督成本：众创平台为了获取更多关于风险投资机构和创业企业的信息而付出的成本。二是激励成本：为了促使风险投资机构和创业企业按照众创平台的利益行事，可能需要提供额外的激励措施，这也会产生成本。三是道德风险损失：由于信息不对称，风险投资机构和创业企业可能会采取损害众创平台利益的行为，导致众创平台遭受损失。因此，众创平台在设计三边道德风险规制契约时，需要充分考虑代理成本，并采取措施来最小化这些成本，同时确保契约的公平性和效率。这包括设计透明的信息披露机制、合理的激励结构以及有效的监督和违约惩罚措施，以促进三方之间的信任和合作，降低代理成本，提高众创平台的整体收益。

在这种情况下，信息对称与否的期望收益差异被定义为代理成本（Agency Cost，AC）。代理成本是指由于信息不对称导致的一方（在本例中为众创平台）期望收益与信息对称情况下的期望收益之间的差额。这个差额反映了众创平台因信息不对称而承担的额外成本，包括监督成本、契约执行成本以及可能因道德风险导致的损失。

根据前面的假设，信息对称时众创平台面对的最优契约问题为：

$$\max(1-\omega)\left[\xi_2\theta a\alpha b+\left(\theta a+\frac{1}{2}\rho t\sigma^2\right)(1-\alpha)b\right]+\omega(\overline{\pi}_2+I) \tag{4.7}$$

$$IR(1-\omega)\xi_1\theta a\alpha b+\omega(\delta_1\theta ab-I)\geqslant\overline{\pi}_1$$

$$and(1-\omega)\left[\xi_3\theta a\alpha b+(1-\theta)a\alpha b\right]+\omega ab\left[\delta_2\theta+(1-\theta)\right]\geqslant\overline{\pi}_3$$

通过对模型求解可知众创平台目标函数可简化为：

$$\max(1-\hat{\omega}^*)\left[\hat{\alpha}^*ab+\left(\hat{\theta}^*a+\frac{1}{2}\rho t\sigma^2\right)(1-\hat{\alpha}^*)b\right]+\hat{\omega}^*(\overline{\pi}_2+ab)-(\overline{\pi}_1+\overline{\pi}_3) \tag{4.8}$$

求解一阶最优化条件可得：

$$\hat{\omega}^*=1,\ \hat{\theta}^*=\theta^*$$

故可得众创平台的代理成本为：

$$AC=(1-\hat{\omega}^*)\left[\hat{\alpha}^*ab+\left(\hat{\theta}^*a+\frac{1}{2}\rho t\sigma^2\right)(1-\hat{\alpha}^*)b\right]+\hat{\omega}^*(\overline{\pi}_2+ab)-$$

$$(1-\omega^*)\left[\alpha^*ab+\left(\theta^*a+\frac{1}{2}\rho t\sigma^2\right)(1-\alpha^*)b\right]-\omega^*\overline{\pi}_2 \tag{4.9}$$

通过对众创平台的过度自信水平 t 求导可得：

$$\frac{\partial AC}{\partial t}<0$$

综上可得如下结论：

结论8：众创平台过度自信同众创平台的代理成本呈正相关关系。

上述研究结论清晰地表明，众创平台在投资决策中所展现的过度自信行为，对整个投资流程产生了深远的影响。这种心理倾向不仅加剧了投资过程的不确定性,使潜在的风险因素更加难以预见和管控,而且还直接提升了众创平台自身的违约风险。过度自信的决策者可能会对市场前景和项目潜力做出过于乐观的评估,忽视了可能出现的负面情况,从而在投资决策上采取更为激进的态度。此外,过度自信的行为还使众创平台与投资方及创业企业之间的契约关系变得更加复杂。在合约制定过程中,过度自信的众创平台可能会倾向于加入更多对自己有利的条款,这可能会损害到其他合同方的利益,从而增加了契约执行的难度。这种做法不仅破坏了契约的公平性,而且可能导致合同方之间的信任度降低,进而影响合作的稳定性。

同时,过度自信还进一步加剧了信息不对称的问题。由于过度自信的决策者可能会高估自己的信息处理能力和判断的准确性,他们可能会忽视从外部获取更多信息的必要性,或者对不利信息进行选择性忽略。这种信息处理上的偏差会导致投资双方在信息的获取和处理上存在更大的差距,从而增加了代理成本。代理成本的增加不仅反映了众创平台在监督和激励上的额外支出,也体现了由于信息不对称导致的效率损失。这些因素的综合作用,不仅影响了众创平台与创业企业之间的合作关系,也对整个投资环境的稳定性和效率产生了负面影响。具体来说,过度自信可能导致以下后果:一是投资决策的失误增多,导致资金配置效率降低。二是众创平台与创业企业之间的信任度下降,合作关系的持续性受到威胁。三是契约执行难度增加,可能导致法律纠纷和额外的交易成本。四是代理成本的增加,减少了众创平台和创业企业的净收益。因此,为了改善投资环境,提升众创平台的投资效率,有必要采取措施来纠正过度自信行为,比如,通过建立更加科学的决策支持系统、增强决策的透明度、提供专业的心理培训以及建立有效的风险评估机制等。通过这些措施,可以减少过度自信带来的负面影响,促进众创平台与创业企业之间的良性互动,从而为整个创新创业生态系统的健康发展提供支持。

4.4 本章小结

在深入分析投资型众创空间运营过程中，我们构建了一个基于众创平台、风险投资机构和创业企业之间委托代理关系的三边道德风险规制模型。该模型旨在深入探讨这三方在投资活动中的行为选择、利益冲突及其潜在的道德风险问题。在这一模型中，我们特别关注了众创平台的过度自信倾向以及风险投资机构的违约补偿机制，这两种因素在现实投资决策中扮演着至关重要的角色，对投资活动的结果产生显著影响。众创平台的过度自信倾向可能导致其在项目筛选和投资决策时过于乐观，忽视了项目的潜在风险，从而可能引发道德风险。在模型中，我们分析了过度自信如何影响众创平台对创业企业的评估，以及这种评估偏差如何传导至风险投资机构，进而影响整个投资决策过程。为了规制这一道德风险，模型提出了建立风险评估和预警机制，通过引入外部专家评审和多元化的决策体系来降低过度自信带来的负面影响。

另外，风险投资机构的违约补偿机制是模型中的另一个关键点。在投资活动中，风险投资机构可能会因为各种原因违约，如市场变化、项目失败等，这要求有相应的补偿机制保护创业企业的利益。模型中，我们探讨了如何设计合理的违约补偿条款，以及如何通过合同设计和法律约束来确保风险投资机构在违约时能够给予创业企业适当的补偿，从而维护合作的公平性和稳定性。此外，模型还考虑了创业企业在投资过程中的道德风险行为，如信息隐瞒、业绩操纵等。为了规制这些行为，模型提出了加强创业企业的诚信教育、完善信息披露制度、建立业绩追踪体系等措施。通过三边道德风险规制模型的构建和分析，我们为投资型众创空间的运营提供了一套系统的风险管理和规制框架。这套框架有助于各方更好地识别和防范道德风险，促进众创平台、风险投资机构和创业企业之间的良性互动，最终实现共赢发展。

研究结果表明，众创平台的过度自信倾向对其融资结构产生了双重影响。一方面，这种倾向有助于降低创业企业的道德风险，因为过度自信的众创平台可能会更加积极地监督和指导创业企业，以确保投资的成功。另一方面，过度自信也加剧了众创平台自身的违约倾向，这是因为过度自信可能导致对项目风险的低估，从而采取过于激进的投资策略，这无疑提高了代理成本和风险投资机构的道德风险。此外，研究还发现，违约补偿机制是一种有效的三边道德风险规制工具。通过设计合理的违约补偿方案，不仅可以显著降低风险投资机构的违约风险，还能够有效缓解众创平台和创业企业在投资过程中的道德风险。这是因为违约补偿机制为各方提供了一种额外的激励，使它们在行为选择上更加谨慎，从而有助于维护整个投资生态系统的稳定性和健康发展。

综上所述，构建和优化一个包含众创平台、风险投资机构和创业企业在内的三边道德风险规制模型，对于投资型众创空间的健康运营具有至关重要的意义。该模型通过深入分析众创平台决策者的过度自信倾向，以及风险投资机构的违约补偿机制，旨在建立一个更加完善的风险管理和利益协调框架。

在这个框架下，我们可以更加有效地规制各利益相关者的行为，确保投资决策的合理性和公正性。具体而言，该模型能够：①识别和评估众创平台决策者的过度自信行为，通过心理培训和决策支持系统的引入，减少过度自信带来的决策偏差，从而降低投资风险。②设计合理的违约补偿机制，确保在风险投资机构违约时，众创平台和创业企业的利益得到有效保护，减少潜在的损失。③通过契约条款的优化，平衡各方的权利和义务，提高契约的执行效率和公平性，降低因契约纠纷带来的额外成本。④促进信息共享和透明度，减少信息不对称带来的代理成本，增强投资者对市场的信心。通过这些措施，我们不仅能够保护投资者的利益，还能够为创业企业提供更加稳定和可靠的资金支持，促进其健康成长。最终，这一规制模型的实施将有助于实现众创空间和风险投资机构的共赢局面，推动整个创新创业生态系统的可持续发展。此外，该模型还能够为政策制定者提供参考，帮助他们在宏观层面制定更加科学合理的政策和法规，为众创空间和风险投资机构创造一个更加有利的外部环境。通过这些努力，我们可以期待众创空间在促进技术创新、就业创造和经济增长方面发挥更大的作用。

5 基于实物期权的众创平台投资最优退出时机决策分析

众创平台在对创业企业进行投资时，其退出时机的决策无疑是一个错综复杂的过程。这一过程不仅涉及众创平台与创业企业之间的策略互动和博弈问题，还涉及投资退出的具体时机选择问题，这直接关系到投资回报的最大化和风险的最小化。在现有的学术研究文献中，博弈论理论和随机停时理论都是相对成熟且应用广泛的工具。博弈论理论为分析竞争或合作情境下的策略选择提供了强有力的分析框架，它能够帮助我们理解在不同情况下，众创平台和创业企业如何基于各自的利益和目标进行策略性的互动。而随机停时理论则是一种处理随机过程停时问题的数学方法，它能够为投资退出的最佳时机选择提供理论依据。尽管这两个理论在各自的领域内都有着深入的研究和广泛的应用，但迄今为止，学术界尚未有足够的尝试将博弈论和随机停时理论有效地结合起来，并将其应用于众创平台投资决策的具体研究中。这种整合的研究视角可以为众创平台提供更为精确和实用的决策支持。将博弈论与随机停时理论相结合，可以更好地模拟众创平台在投资退出决策中的实际情境。这种整合模型能够考虑到以下因素：一是众创平台与创业企业之间的信息不对称和策略互动；二是投资环境和市场条件的不确定性；三是退出时机的选择对投资回报和风险的影响。通过这种整合，研究者可以更深入地探讨众创平台在投资决策中的策略选择，以及如何在不同市场环境和企业成长阶段中确定最优的退出时机。这不仅能够丰富众创平台投资决策的理论体系，还能够为实践中的投资决策提供更为科学的指导。

这种研究空白的存在，其背后的原因有多个方面，但其中一个关键的因素在于传统的风险投资研究往往未能充分认识到众创空间投资中所蕴含的期权性质。众创平台在投资创业企业时，并非仅是一种简单的资金注入，而是获得了一种类似于实物期权的权利。这种权利赋予众创平台在未来某个不确定的时点，根据创业企业的发展状况、市场环境的变化以及自身的战略目标，灵活地选择是否继续持有投资、扩大投资规模或是退出投资。这种期权性质的投资决策，其复杂性和灵活性在传统的风险投资研究中并未得到充分的关注和探讨。

另外，过去的实物期权研究在理论构建和模型设计中，往往忽视了众创平台在投资创业企业时所拥有的优先权利。在实际的商业操作中，众创平台通常会通过投资协议获得一系列的优先权利，如优先购买权、优先清算权、优先股利分配权等。这些优先权利对于众创平台在投资退出时的时机选择和策略制定具有深远影响，它们能够显著改变投资的风险收益结构，从而影响最终的决策结果。然而，这些具有实际操作意义的优先权利在以往的实物期权研究中并未被充分纳入考虑，导致理论研究与实际投资决策之间存在一定的差距。这种差距不仅限制了理论研究的适用性和指导意义，也可能导致众创平台在实际投资活动中面临不必要的风险或错失最佳的投资退出时机。因此，填补这一研究空白，将实物期权的理论框架与众创平台所特有的优先权利相结合，对于完善众创平台投资决策的理论体系具有重要的学术价值和实践意义。这项研究能够为众创平台提供更为精准的投资决策工具，帮助它们更好地评估投资机会，制定合理的投资策略，并在适当的时候做出最优的退出决策，从而最大化投资回报并有效控制风险。

因此，将博弈论理论和随机停时理论结合起来，并应用到众创平台的投资决策研究中，尤其是投资退出时机的选择，不仅能够填补理论研究的一个空白，也能够为众创平台的实际操作提供更为科学、合理的决策依据。这项研究有助于众创平台更好地理解投资过程中的复杂性和动态性，从而做出更加精准的投资决策，最大化投资回报同时降低潜在风险。根据对已有文献的学习，众创平台的投资过程带有不确定性，投资风险的客观性与偶然性不可避免，因此众创平台投资决策问题可以理解为实物期权决策问题。Black 和 Scholes（1973）建立了 Black-Scholes 期权定价模型，为实物期权理论在投资决策问题中的应用奠定了基础；同时也为实物期权理论在投资决策领域的应用奠定了坚实的理论基础。该模型通过一系列假设和数学推导，为理解和评估期权价值提供了系统的框架，使期权这种原本难以定价的金融工具变得可以被量化和管理。Lukach（2002）研究了企业研发投资问题中的技术不确定性问题，Lukach 的研究不仅揭示了技术不确定性对研发投资决策的影响，还提出了如何利用实物期权方法评估和管理这种不确定性，为企业研发投资决策提供了新的视角和方法。Loren（2006）利用实物期权方法对纽约奶农的投资决策进行了研究，通过构建实物期权模型，Loren 探讨了奶农在面临市场波动和价格不确定性时，如何最优地决定投资和生产的时机，从而最大化收益并控制风险。利用实物期权定价理论，严伟（2015）对开发商的项目开发时机进行建模分析，研究其机制，严伟的研究不仅揭示了开发商在项目开发中的最优时机选择问题，还探讨了影响决策的各种因素和机制，为房地产开发行业提供了宝贵的决策参考。卢长利等（2004）将期权思想应用到创业投资中；他们通过构建创业投资中的实物期权模型，分析了创业投资中的风险与收益，以及如何通过期权思维来优化投资决策，为创业投资实践提供了理论支持和指导。这些研究不仅丰富了实物期权理论在投资决策中的应用，也为不同行业和领域的投资者提供了更为精细的决策工具。通过这些研究成果，投资者可以更好地理解和管理投资中的不确定性，提高投资决策的科学性和有效性。王艺祥（2007）假定了项目价值运动遵循了跳跃运动和布朗运动的双重特征，并做出了证明与解释。同时，众创平台在合同制定时必须考虑入驻企业的价值增值诉求，否则，众创平台在行权时必定受到入驻企业的抵制，遭受不必要的损失，因此，众创平台与创业企业间的期权价值增值与分配存在博弈，王艺祥为项目价值的波动提供了一种更为全面的解释，这对于理解和评估项目风险与潜在价值具有重要意义。同时，王艺祥还指出，在众创平台与入驻企业签订合同时，必须考虑到入驻企业的价值增值诉求。如果众创平台在行权时忽视这一点，可能会遭遇入驻企业的强烈抵制，从而导致不必要的损失。因此，众创平台与创业企业之间在期权价值增值与分配问题上存在着一种博弈关系。Fudenberg 等较早将实物期权理论与博弈论理论结合起来研究企业的战略问题，他们的研究为企业如何在竞争环境中利用实物期权来制定有效的战略决策提供了理论支持。Smets（1993）将实物期权理论引入到博弈论研究，曹国华和潘强（2007）应用期权博弈理论研究了不完全信息下的企业技术创新问题，认为期权所赋予的选择权可以让项目更好地适应环境与不确定性，成功率高，陈绍刚（2012）通过建立实物期权复合模型，研究了企业并购收益最优和并购成功率最大化双目标的决策问题，他的研究为企业并购决策提供了新的视角和方法，有助于企业在复杂的市场环境中做出更合理的并购选择。尹海员（2011）运用期权博弈方法研究了带有竞争因素的企业两阶段战略决策问题，认为商业化阶段激烈的竞争对抗将抑制企业的研发投资动力，合作可以增加企业各自的总体战略收益。尹海员指出，在商业化阶段，激烈的竞争对抗可能会抑制企业的研发投资动力，而合作则可以增加企业各自的总体战略收益。这一研究强调了在竞争环境中，企业如何通过合作与竞争策略的平衡实现自身的战略目标。这些研究不仅丰富了实物期权理论和博弈论的应用领域，也为企业在不确定性环境中的决策提供了更为科学的分析工具。通过这些理论和方法，企业可以更好地评估风险、把握机遇，并在竞争激烈的市场中制定出有效的战略决策。

上述研究成果为本书模型的构建提供了宝贵的参考和理论基础。在本章中，我们立足于众创平台投资机制的视角，采用随机分析作为研究工具，并借助实物期权理论，旨在构建一个包含创业企业收益共享机制的投资最优停时分析模型。该模型在以下假设条件下进行构建和分析：完全市场竞争条件、理性人假设以及众创平台优先行权的前提。在完全市场竞争的假设下，我们构建了一个理想化的市场模型，其中市场信息是完全透明的，所有市场参与者都能够无障碍地获取信息，且市场中不存在任何形式的垄断力量。这种假设确保了市场的公平性和效率，使每位参与者都能够基于相同的信息集做出决策，从而避免了信息不对称带来的市场扭曲。同时，我们采用了理性人假设，即所有市场参与者在进行决策时都是理性的，他们的行为目标是最大化自身的利益。这意味着市场参与者会仔细权衡各种选择的成本和收益，选择那些能够带来最大效用或利润的行动方案。在这种假设下，市场机制能够有效地发挥作用，资源能够得到最优配置，社会福利达到最大化。在这个理想化的市场模型中，价格成为反映供需关系的精确信号。当市场需求增加时，价格会上升，从而吸引更多的供应商进入市场，增加供给；相反，当市场供给过剩时，价格会下降，促使一些供应商退出市场，减少供给。这种动态调整过程不断地在市场中发生，直到市场达到新的均衡状态。

此外，我们假设市场中的交易成本为零，即市场参与者之间进行交易时不需要支付额外的费用。这一假设进一步强化了市场的效率，因为它消除了交易过程中的摩擦，使资源的流动更加顺畅。在这个模型中，我们还考虑了市场参与者的策略性行为。尽管每位参与者都是理性的，但他们之间的互动可能会导致博弈行为，如价格战、市场份额竞争等。因此，我们的模型也分析了这些策略性行为如何影响市场的均衡状态和整体效率。

总之，这个理想化的市场模型为我们提供了一个分析市场运作机制的理论框架。尽管现实市场可能无法完全符合这些假设，但这个模型仍然为我们理解市场的基本原理和预测市场参与者的行为提供了有价值的参考。通过对比现实市场与理想化模型的差异，我们能够更好地识别和分析市场失灵的原因，为政策制定者和市场监管者提供改进市场的策略和建议。

进一步地，我们考虑了众创平台在投资创业企业时可能拥有的特殊权利，即众创平台优先行权的假设。这种假设体现了众创平台在实际投资活动中可能获得的优先购买权、优先清算权等特权，这些权利在众创平台的投资决策中起着关键作用。基于以上假设，我们分析了以下几个关键因素对众创平台期权行权与最优停时决策的影响：

（1）收益共享比率，这是创业企业与众创平台之间分享投资收益的比例。收益共享比率的高低直接影响到双方的激励程度和最终的收益分配，从而对众创平台的投资决策产生重要影响。一个合理的收益共享比率可以确保双方的利益最大化，同时激励双方共同努力推动创业企业的发展。

（2）入驻企业价值期望增长率，创业企业的成长潜力是众创平台进行投资决策时必须考虑的重要因素。期望增长率的高低反映了创业企业的市场前景和潜在价值，它将直接影响众创平台对投资回报的预期，进而影响其投资决策。

（3）波动率，创业企业价值的波动性代表了投资的不确定性或风险。波动率的大小决定了众创平台在投资过程中可能面临的风险水平，从而影响其对投资时机的选择和行权决策。

（4）众创平台（创业企业）投资沉没成本，沉没成本是指已经发生且无法回收的投资成本。沉没成本的存在可能会对众创平台的投资决策产生影响，因为它代表了众创平台在投资过程中不可回收的部分，这可能会影响其对后续投资机会的评估和决策。

通过对这些关键因素的综合分析与深入探讨，我们能够更加全面地洞察众创平台在投资创业企业过程中的决策行为模式，以及其在不同市场环境和经济条件下如何巧妙地制定出最优化的投资策略和精确的行权时机。这种深入的理解不仅为众创平台提供了宝贵的决策支持，使其能够在复杂多变的市场中提高投资决策的科学性和效率，降低投资风险，还能够帮助创业企业更准确地把握投资者的心理预期和决策背后的逻辑。这种双向的理解和沟通是促进众创平台与创业企业之间建立长期稳定合作关系的关键。它使创业企业能够根据投资者的期望和需求，调整自己的发展战略和市场定位，从而更有针对性地吸引投资，提高融资成功的概率。同时，众创平台也能够根据创业企业的实际情况和市场潜力，合理配置资源，优化投资组合，确保投资收益的最大化。最终，这种相互理解和协同作用将推动众创平台与创业企业之间的合作走向更深层次，实现资源共享、风险共担和利益共享。这种合作模式不仅有利于双方各自的长期发展，还能够激发创新创业活力，推动整个经济体系的持续健康发展，实现社会资源的优化配置和经济效益的最大化。因此，这种研究对于促进众创平台与创业企业之间的良性互动和共赢发展具有重要的理论意义与实践意义。

5.1 基于实物期权的众创平台投资最优退出时机模型基本假设

5.1.1 模型基本假设

（1）众创空间内的创业企业处于完全竞争市场。

（2）理性人假设。本书假设众创平台投资以投资期权价值最大化为目标，创业企业以自身所持期权价值增值为目标。

（3）假设创业企业在未得到众创平台投资时的初始价值为 Q_0，在完全竞争市场条件下，创业企业的成长状态是随机的，创业企业的价值 Q 服从几何布朗运动：

$$dQ = \alpha_1 Qdt + \sigma_1 QdW_t \tag{5.1}$$

式中，α_1 为漂移参数，表示创业企业在未得到平台投资时的价值期望增长率；σ_1 表示创业企业未得到平台投资时 Q 的波动方差；dW_t 表示标准的维纳过程，服从 $dW_t \sim N(0, dt)$。

（4）若众创平台对创业企业进行了投资，则众创平台对创业企业予以连续投资直至退出，以推动创业企业快速发展，获取更高的共享收益。假设此时创业企业的成长状态亦是随机的，创业企业最初时的价值为 $P_0 = Q_0 = 1$，同样在完全竞争市场条件下，进行了融资的创业企业的价值 P 仍服从几何布朗运动：

$$dP = \alpha_2 Pdt + \sigma_2 PdW_t \tag{5.2}$$

式中，α_2 为漂移参数，表示实现融资后创业企业的价值期望增长率；σ_2 表示 P 的波动方差。

（5）假设众创平台对创业企业的投资沉没成本为 I，创业企业的投资沉没成本为 H。

（6）基于收益共享假设，假定平台所获创业企业价值收益共享比率为 a，$0 < a < 1$。

5.1.2 问题抽象与模型构建

假设市场利率稳定为 $r(r > \alpha_2)$，因此众创平台的投资总价值现值收益为：

$$P_z = aPe^{-rt} - Ie^{-rt} \tag{5.3}$$

假设众创平台在 τ 时刻停止投资可以获得最优的投资期权价值回报，则此时众创平台所拥有的期权价值记为：$V_z(P^*)$

同时还必须满足式（5.5），以保证创业企业在获得融资后可以实现期权价值增长：

$$V_c(P^*) > W_c(Q^*) \tag{5.4}$$

在此，为得到众创平台的最优停止投资时间，在未来 τ 时刻，我们希望得到最大化的预期现值：

$$V_{max} = \max E \left[(V_\tau - I) \exp(-r\tau) \right] \tag{5.5}$$

5.2 基于实物期权的众创平台投资
最优退出时机决策模型

5.2.1 最优临界值 P^* 与 Q^* 的确定

考虑时间变化充分小的情况下，创业企业单位时间产出 P 的变化，为使众创平台期权损失最小化，根据 Ito's 引理，可得创业企业的期权价值函数的贝尔曼方程为：

$$\frac{1}{2}\sigma_2^2 P^2 V''(P) + \alpha_2 PV'(P) - rV(P) = 0 \tag{5.6}$$

V（P）必须满足下面的边界条件：

$$\begin{cases} V(0) = 0 \\ V(P_z^*) = P^* - I \\ V'(P_z^*) = 1 \end{cases} \tag{5.7}$$

因为式（5.6）对因变量 P 及其导数为线性的，我们通过函数 AP^β（β 为上式贝尔曼方程的一个解）加以刻画，通过替代可得：

$$\frac{1}{2}\sigma_2^2 \beta(\beta-1) + \alpha_2 \beta - r = 0 \tag{5.8}$$

我们得到方程式（5.8）的两个根 β_1 和 β_2：

$$\begin{cases} \beta_1 = \frac{1}{2} - \frac{\alpha_2}{\sigma_2^2} + \sqrt{\left(\frac{1}{2} - \frac{\alpha_2}{\sigma_2^2}\right)^2 + \frac{2r}{\sigma_2^2}} > 1 \\ \beta_2 = \frac{1}{2} - \frac{\alpha_2}{\sigma_2^2} - \sqrt{\left(\frac{1}{2} - \frac{\alpha_2}{\sigma_2^2}\right)^2 + \frac{2r}{\sigma_2^2}} < 0 \end{cases} \tag{5.9}$$

因此式（5.6）的一般解可表述为：

$$V(P) = A_1 P^{\beta_1} + A_2 P^{\beta_2}$$

式中，A_1 和 A_2 为待定常数，根据边界条件 $V(0) = 0$ 可知必须采用 $A_2 = 0$，故式（5.6）一般解可刻画为：

$$V(P) = A_1 P^{\beta_1} \tag{5.10}$$

因此联立边界条件可得：

$$\begin{cases} P^* = \dfrac{\beta_1 I}{a(\beta_1 - 1)} \\[3mm] A_1 = \dfrac{(\beta_1 - 1)^{(\beta_1 - 1)}}{\beta_1^{\beta_1} I^{\beta_1 - 1}} \end{cases} \tag{5.11}$$

所以存在 $\dfrac{\partial P^*}{\partial a} < 0$，$\dfrac{\partial P^*}{\partial \beta_1} < 0$，$\dfrac{\partial P^*}{\partial I} > 0$ 恒成立。又因为：

$$\frac{\partial \beta_1}{\partial \alpha_2} = -\frac{1}{\sigma_2^2}\left[1 + \frac{\dfrac{1}{2} - \dfrac{\alpha_2}{\sigma_2^2}}{\sqrt{\left(\dfrac{1}{2} - \dfrac{\alpha_2}{\sigma_2^2}\right)^2 + \dfrac{2r}{\sigma_2^2}}} \right] < 0$$

根据链式法则可知 $\dfrac{\partial P^*}{\partial \alpha_2} > 0$，$\dfrac{\partial P^*}{\partial \sigma_2^2} > 0$。

通过 Matlab 软件仿真，我们得到了最优临界值随众创平台收益共享比率和方差参数变化的仿真图，如图 5.1 所示。

同理，可得到：

$$W(Q) = B_1 Q^{\xi_1} \tag{5.12}$$

式中，

$$\xi_1 = \frac{1}{2} - \frac{\alpha_1}{\sigma_1^2} + \sqrt{\left(\frac{1}{2} - \frac{\alpha_1}{\sigma_1^2}\right)^2 + \frac{2r}{\sigma_1^2}} > 1 \tag{5.13}$$

$$\begin{cases} Q_c^* = \dfrac{\xi_1 H}{(\xi_1 - 1)} \\[3mm] B_1 = \dfrac{(\xi_1 - 1)^{\xi_1 - 1}}{\xi_1^{\xi_1} H^{\xi_1 - 1}} \end{cases}$$

最优临界值P*随众创平台收益共享比率（a）和方差参数（σ²）变动三维仿真图

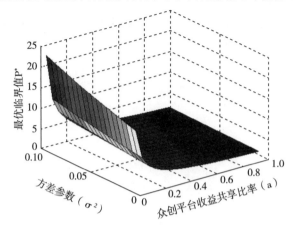

图5.1　最优临界值随众创平台收益共享比率和方差参数变化的仿真

从式（5.13）可知，创业企业所获期权最优时的价值临界值 Q_c^* 仅与创业企业对创业企业的投资沉没成本 H 和创业企业价值的漂移项和波动方差有关。

5.2.2　最优投资停时的确定

因为 P 服从几何布朗运动，根据 Ito's 引理可知：

$$\ln(P) \sim N\left(\left(\alpha_2 - \frac{1}{2}\sigma_2^2\right)t, \ \sigma_2^2 t \right)$$

因此，P 的概率密度函数为：

$$\phi(P) = \frac{\ln(P)}{\sqrt{2\pi}\, t\sigma_2} \exp\left[-\frac{\left(\ln(P) - \left(\alpha_2 - \frac{1}{2}\sigma_2^2 t\right)\right)^2}{2\sigma_2^2 t} \right] \tag{5.14}$$

因此在经过时间 τ_1 后的概率密度函数为：

$$\phi(P_0, \ P^*, \ \tau_1) = \frac{\left| \ln\dfrac{P^*}{P_0} \right|}{\sqrt{2\pi t^3}\, \sigma_2} \exp\left[-\frac{\left(\ln\dfrac{P^*}{P_0} - \left(\alpha_2 - \dfrac{1}{2}\sigma_2^2 t\right)\right)^2}{2\sigma_2^2 t} \right]$$

所以：

$$E(\tau_1) = \begin{cases} \dfrac{\ln \dfrac{P^*}{P_0}}{\alpha_2 - \dfrac{1}{2}\sigma_2^2}, & \left(\alpha_2 - \dfrac{1}{2}\sigma_2^2\right)(P^* - P_0) > 0 \\ \\ \infty, & \left(\alpha_2 - \dfrac{1}{2}\sigma_2^2\right)(P^* - P_0) \leqslant 0 \end{cases} \tag{5.15}$$

通过 Matlab 软件仿真，我们得到了最优停时随收益共享比率变化的仿真曲线，如图 5.2 所示。

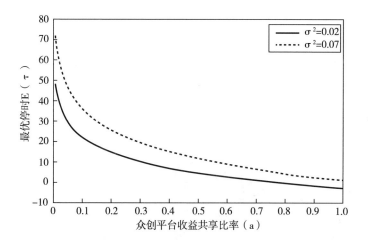

图 5.2 最优停时随收益共享比率变化的仿真曲线

同理有：

$$E(\tau_0) = \begin{cases} \left| \dfrac{\ln \dfrac{Q^*}{Q_0}}{\alpha_1 - \dfrac{1}{2}\sigma_1^2} \right|, & \left(\alpha_1 - \dfrac{1}{2}\sigma_1^2\right)(Q^* - Q_0) > 0 \\ \\ \infty, & \left(\alpha_1 - \dfrac{1}{2}\sigma_1^2\right)(Q^* - Q_0) \leqslant 0 \end{cases} \tag{5.16}$$

从式（5.16）可知，当 $\left(\alpha_1 - \dfrac{1}{2}\sigma_1^2\right)(Q^* - Q_0) > 0$ 关系未满足时，最优停时

的期望可达时间无穷大，是不存在的；当 $\left(\alpha_1 - \dfrac{1}{2}\sigma_1^2\right)(Q^* - Q_0) > 0$ 关系满足时，

最优停时的期望可达时间存在，创业企业价值的波动率和众创平台的收益共享比率对可达时间的出现有反向抑制作用；创业企业价值的漂移项对可达时间的出现有正向促进作用。

5.2.3 最优期权的确定与限制条件

根据公式可得众创平台所获最优期权为：

$$V_z(P^*) = \left[\frac{1}{(\beta_1 - 1)\,a^{\beta_1 - 1}} - 1\right] I e^{-r\tau_1} \tag{5.17}$$

通过 Matlab 软件仿真，我们得到了众创平台所获最优期权与创业企业收益共享比率和方差参数关系的三维仿真图像，如图 5.3 所示。

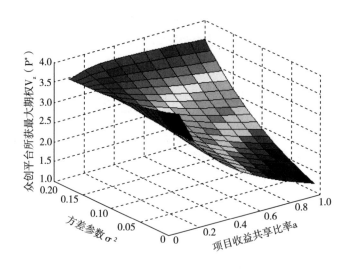

图 5.3　众创平台所获最优期权与项目收益共享比率和

方差参数关系的三维仿真图像

从仿真图像中我们可以发现，在创业企业价值波动率 σ^2 水平较低时，众创平台所获最优期权表现出单调递减特征，在创业企业价值波动率 σ^2 水平较

高时，众创平台所获最优期权表现出先递增后递减的特征；从式（5.17）中我们可以得到，众创平台投资的沉没成本对众创平台所获最优期权具有正向促进作用，与创业企业产出期望增长率关系表现出和与创业企业价值波动率同样的特征。

通过对式（5.17）中收益共享比率求偏微分可得：

$$\frac{\partial V_z(P^*)}{\partial a} = Ie^{-r\frac{\beta_1 I}{\alpha_2 - \frac{1}{2}\sigma_2^2}}\left\{\frac{1}{a(\beta_1-1)} + \left[\frac{1}{a^{\beta_1-1}(\beta_1-1)}-1\right]\frac{ar}{\alpha_2 - \frac{1}{2}\sigma_2^2}\right\} \quad (5.18)$$

令式（5.18）为零，即为众创平台对创业企业投资期权最优时收益共享比率应当满足的条件。

此时，创业企业所获最优期权为：

$$V_c(P^*) = \left[\frac{(1-a)I}{(\beta_1-1)a^{\beta_1}}-H\right]e^{-r\tau_1} \quad (5.19)$$

创业企业在未得到众创平台投资时，创业企业所获最优期权为：

$$W_c(Q^*) = \left[\frac{1}{(\xi_1-1)}-1\right]He^{-r\tau_0} \quad (5.20)$$

因此，创业企业采取融资举措的前提条件为 $V_c(P^*)>W_c(Q^*)$，即：

$$\left[\frac{(1-a)I}{(\beta_1-1)a^{\beta_1}}-H\right]e^{-rE(\tau_1)} > \left[\frac{1}{(\xi_1-1)}-1\right]He^{-rE(\tau_0)} \quad (5.21)$$

5.3 模型结论与分析

本书立足于众创空间中创业企业投资收益共享机制与其成长过程中固有的一系列不确定性因素，旨在为众创平台提供更为科学的投资退出策略。在此背景下，本书创新性地将实物期权定价理论引入到众创平台对创业企业投资退出的模型构建中，为解决投资退出决策问题提供了新的视角和方法论。

实物期权定价理论的引入，使众创平台在考虑投资退出时，能够更加准确地评估创业企业的潜在价值和投资风险。这种理论认为，投资退出决策本质上是一种期权，众创平台持有这种期权，可以在未来某个合适的时机行使其退出权利，以实现投资收益的最大化。因此，众创平台在做出投资退出决策时，不仅要考虑当前的市场状况和企业的财务状况，还需要考虑未来市场变化带来的潜在机会和风险。在本书中，我们构建了一个包含多种不确定性因素的投资退出模型，这些因素包括但不限于市场需求的波动、技术进步的不确定性、竞争环境的变化以及政策法规的调整。模型通过实物期权定价方法，为众创平台提供了一套系统的评估体系，帮助其在复杂的创业投资环境中做出更加合理、有效的退出决策。此外，本书还考虑了投资收益共享机制对投资退出决策的影响。在众创空间中，众创平台与创业企业之间往往存在收益共享的协议，这直接影响投资退出的时机和方式。我们的模型通过设定不同的收益共享比例和条件，分析了这些因素如何影响众创平台的退出策略。

通过本书的深入分析，我们不仅为众创平台提供了一套科学的投资退出策略，也为创业企业在融资结构和收益分配方面提供了有益的参考。最终，本书有助于促进众创空间生态系统的健康发展，为创新创业活动提供更加坚实的支持。实物期权定价理论，作为一种处理不确定性和灵活性的有效工具，在金融工程和战略管理领域已被广泛应用。在本书中，我们利用这一理论的优势，构建了一个全新的众创平台创业企业投资退出时机选择模型。该模型不仅考虑了传统投资决策中的财务因素，还特别强调了创业企业投资收益共享机制的特殊性，以及由此带来的收益分配灵活性和不确定性。具体来说，我们的模型纳入了以下几个关键要素：一是创业企业的成长潜力和不确定性，包括市场风险、技术风险和企业管理风险等；二是投资收益共享机制的设计，如收益分成比例、股权稀释效应以及可能的利润再投资条款；三是实物期权的价值，即众创平台在特定条件下选择退出投资的权利，其价值受市场环境、企业表现和合同条款等因素的影响。

通过这一模型的构建和应用，我们能够为众创平台提供一个更加精细化的决策工具，帮助其在考虑创业企业成长不确定性和收益共享机制的基础上，合理评估投资退出的最佳时机，从而最大化投资回报并有效控制风险。此外，该模型也为创业企业在设计收益共享机制时提供了参考，有助于其更好地吸引和维护投资者的兴趣，促进企业的长期发展。在该模型中，我们重点分析了创业企业的期望增长率、波动率、投资收益共享比率等关键条件对众创平台与创业企业最优期权决策的影响，以及这些因素如何作用于创业企业最优期权的期望到达时间。研究结果表明，众创平台所获得的最优期权价值并不是简单地随着投资收益共享比率的增加而单调递增。事实上，当收益共享比率增长到一定程度时，众创平台所获得的最优期权价值反而会出现递减的现象。这一发现表明，协商确定一个合理的收益共享比率对于实现众创平台最优期权价值至关重要。此外，本书还发现，最优期权的可达时间与多个因素存在密切的关联性。具体来说，众创平台对创业企业的投资沉没成本、收益共享比率，以及创业企业的产出期望增长率和波动率，都是影响最优期权可达时间的重要因素。这些因素相互作用，共同决定了众创平台在投资决策中的最优停时点。具体而言，投资沉没成本的高低会影响众创平台在投资决策中的灵活性和风险承受能力。较高的沉没成本可能会使众创平台在投资退出时更加谨慎，从而延长最优期权的可达时间。而收益共享比率则直接关系到众创平台与创业企业之间的利益分配，适当的收益共享比率能够激励双方共同为企业的成长和价值提升努力。创业企业的产出期望增长率和波动率则反映了企业的发展潜力和市场风险，这些因素的变化会直接影响众创平台对投资退出时机的判断。

综上所述，本书不仅为众创平台提供了关于投资退出时机选择的理论依据，也为创业企业在与众创平台合作时如何制定合理的收益共享机制提供了实践指导。这些发现对于促进众创空间与创业企业之间的良性互动，以及推动整个创新创业生态系统的健康发展具有重要的理论意义和现实意义。从最优临界值的确定研究中，我们可以发现，众创平台所获创业企业收益共享比率对最优临界值的大小具有反向抑制作用，创业企业的期望增长率和波动率对最优临界值的大小具有正向促进作用；因此，若众创平台想要获得较高的期权价值，众创平台在创业企业选择时，应当寻求那些未来前景较好，不确定性较高的创业企业（如 Dixit 研究中发现，投资的不确定性越大，投资的期权价值越大），尽可能地在和创业企业的谈判中获得较高的收益共享比率。从图 5.2 中我们发现，创业企业收益共享比率对最优停时期望到达时间具有反向抑制作用，较低的创业企业价值波动率可以缩短众创平台的最优退出时间；因此，对于众创平台而言，若要尽可能快地获得最优期权，则应当放弃从创业企业收益分配中获得绝对的高比例，否则，众创平台如果一味地想要获得较高的收益共享比率，则会导致众创平台的投资周期增长，甚至错过对其他创业企业的投资机会；同时，众创平台要选择市场前景稳定的创业企业。从图 5.3 中我们可以看到，众创平台所获最优期权与创业企业价值波动率和创业企业收益共享比率呈现出复杂的关联关系。同时，本章在众创平台投资期权最优化的基础上，得到了创业企业实现期权增长目标的约束条件。综合上述结论进行分析可知：众创平台通过收益共享机制所获得最优期权和最优期权达到时间同创业企业在获得融资后所具有的创业企业价值期望增长率和波动率以及创业企业收益共享分配比率存在复杂的关联关系。

为了实现上述研究中提到的最优期权价值，众创平台在操作过程中必须遵循一系列策略和原则。首先，众创平台必须确保创业企业的期权价值能够持续增长，这是实现最优期权价值的基础。具体来说，众创平台需要密切关注创业企业的运营状况，包括但不限于其市场表现、技术研发进展、管理团队稳定性等因素，这些都会直接或间接影响企业的期权价值。其次，众创平台需要满足式（5.17）中提出的各项限定条件。这些条件可能包括但不限于创业企业的财务状况、市场环境、投资合同条款等。式（5.17）是本书中构建的模型中的一个关键部分，它将创业企业的产出期望增长率、波动率与收益共享比率等因素联系起来，为众创平台提供了一套具体的决策准则。在具体操作上，众创平台需要根据投资后创业企业的实际表现，预测其产出期望增长率和波动率。产出期望增长率反映了企业未来盈利能力的预期，而波动率则衡量了这种预期的不确定性。众创平台需要在这两者之间找到平衡点，以确保投资决策的科学性和合理性。

此外，众创平台还需要协调创业企业收益共享比率与产出期望增长率和波动率之间的关系。这意味着，众创平台在设定收益共享比率时，不仅要考虑创业企业的盈利潜力，还要考虑到盈利预期的不确定性。如果收益共享比率过高，可能会抑制创业企业的积极性，降低其成长潜力；而如果比率过低，则可能无法充分保障众创平台的投资回报。因此，众创平台在制定收益共享机制时，应当综合考虑以下因素：一是创业企业的成长阶段和行业特性；二是创业企业的历史业绩和市场前景；三是投资合同中关于收益共享的具体条款；四是市场环境的变化和潜在风险；五是通过这种细致入微的协调和调整，众创平台可以更好地管理投资组合，优化投资决策，最终实现投资退出的最优期权价值。

5.4   本章小结

在深入探讨创业企业在成长道路上不可避免的环境不确定性问题时，本书特别将收益共享机制和投资沉没成本这两个至关重要的因素纳入众创平台投资的实物期权模型中。这两个因素在创业投资领域扮演着举足轻重的角色，对于理解和预测投资行为及其结果具有显著的影响。

收益共享机制，作为众创平台与创业企业之间利益分配的核心环节，直接关系到双方的激励相容和长期合作。而投资沉没成本，则代表了众创平台在投资过程中不可回收的成本投入，它不仅影响着众创平台的投资决策，也关系到创业企业在面临市场变化时的策略调整。为了精确地解析这两个因素如何作用于众创平台的最优期权决策和创业企业的期权价值，本书采用了动态规划方法进行模型的求解。动态规划作为一种处理决策过程最优化的数学方法，特别适用于解决具有时间维度和状态转移特征的复杂决策问题。通过动态规划方法的运用，我们得以在以下几方面进行深入分析：

一是收益共享机制如何影响众创平台在不确定环境下对投资退出时机的选择，以及这种选择如何进一步影响创业企业的期权价值。

二是投资沉没成本如何作用于众创平台的决策过程，尤其是在面对市场不利变化时，众创平台是否应该坚持或放弃投资。

三是不同收益共享比例和沉没成本水平下，众创平台和创业企业的最优策略是什么，以及这些策略如何随着市场环境的变化而调整。

本书的结果揭示，收益共享机制和投资沉没成本在众创平台投资决策中起着关键作用。适当的收益共享机制能够激励创业企业更加努力地提升企业价值，同时也能为众创平台提供风险补偿。而合理评估和管理沉没成本，则有助于众创平台在面临市场不确定性时做出更加理性的决策，避免不必要的损失。

综上所述，本书研究发现，众创平台为投资者提供了宝贵的决策参考，帮助其在复杂多变的市场环境中制定更加科学、合理的投资策略，同时也为创业企业在设计收益共享机制时提供了理论依据和实践指导。具体而言，本书深入剖析了收益共享机制与众创平台投资最优期权之间的相互作用和内在联系。研究结果表明，收益共享机制对众创平台最优期权价值的影响并非直观的直线关系，而是呈现出更为复杂的非线性特征。这种非线性关系意味着在设计和实施收益共享协议时，必须充分考虑到众创平台与创业企业双方的利益诉求、风险承受能力、市场动态以及企业的成长阶段等多重因素，以实现双方利益的最大化和风险的最优分配。

此外，本书通过精确的数学建模和实证分析，确定了在众创平台投资期权最优化过程中的收益共享比率条件。这些条件包括但不限于创业企业的预期增长率、市场波动性、投资期限以及众创平台的资金成本等。这些研究成果为众创平台和创业企业在协商和确定收益共享比率时提供了科学的理论指导和实践参考，有助于双方在合作过程中构建更为公平、高效和可持续的利益分配机制。进一步地，本书还指出，为了达成更为合理的利益分配方案，众创平台和创业企业应当采取以下措施：

（1）建立动态的收益共享调整机制，以适应市场环境和企业成长状况的变化。

（2）强化双方的信息沟通，确保在决策过程中能够充分了解对方的期望和需求。

（3）设计具有灵活性和前瞻性的收益共享条款，以应对未来可能出现的各种不确定性。

（4）定期评估收益共享协议的效果，并根据评估结果进行必要的调整。

通过这些措施，众创平台和创业企业不仅能够更好地管理投资风险，还能够激发双方的积极性，促进创业企业的健康成长，最终实现双方的合作共赢。本书因此为众创空间的投资实践提供了宝贵的理论支持和操作指南。

在深入分析创业企业期权价值增值的基础上，本研究进一步探讨了如何实现众创平台投资期权的最优化。通过细致的研究，我们发现创业企业的产出期望增长率和波动率的提升，对于入驻企业的价值最优临界值产生了显著的降低效应。这是因为，随着企业成长潜力的增大和市场不确定性的提高，众创平台对于企业未来价值的预期变得更加不确定，因此降低了对于企业价值的预期临界点。同时，研究还发现，这种增长率和波动率的增加，导致了最优停时（即投资退出时机）的延长。这一发现表明，在创业企业展现出较强的成长潜力和面临较高的市场不确定性时，众创平台需要更多的时间来观察企业的表现，评估投资项目的风险与收益，以及市场环境的变化，从而做出更加精准和合理的投资退出决策。这一研究结果对于众创平台的投资策略具有重要的指导意义。它提示众创平台在面临高成长性和高不确定性的创业企业时，应当：①调整投资预期，对于企业的价值评估保持更为审慎的态度。②延长投资观察期，不急于在市场情况不明确时做出投资退出决策。③加强对创业企业的监控和评估，及时掌握企业的经营状况和市场动态。④设计更加灵活的投资退出机制，以应对市场的不确定性。通过这些策略的实施，众创平台不仅能够更好地管理投资组合，降低投资风险，还能够提高投资决策的效率，确保在适当的时机退出投资，实现投资收益的最大化。因此，本书为众创平台在处理创业企业投资期权优化问题提供了有力的理论支持和实践指导。

总结而言，本书的成果明确指出，收益共享机制和投资沉没成本在众创平台进行投资决策时发挥着不可或缺的作用。一个设计合理的收益共享机制，不仅能够有效地激励创业企业全力以赴地推动企业发展，增强其市场竞争力和创新能力，还能够确保众创平台在投资过程中能够获得相应的回报，维护其投资利益。同时，对投资沉没成本的深入考量，使众创平台能够更加精确地评估潜在的投资风险，从而在投资决策时更加审慎和科学。这种考量有助于众创平台在面临市场不确定性时，更好地平衡风险与收益，制定出最优化的投资策略，避免因盲目投资而导致的资源浪费和损失。这些研究成果为众创平台和创业企业在充满不确定性的市场环境中如何开展合作提供了宝贵的参考和策略。具体来说，这些发现指导众创平台在以下几个方面进行策略调整和优化：

一是在设计收益共享机制时，要充分考虑双方的权益，确保激励与风险共担的平衡。

二是在评估投资沉没成本时，要结合企业的具体情况和市场环境，做出合理的风险评估。

三是在投资决策过程中，要灵活运用实物期权理论，以应对市场的不确定性，优化投资退出策略。

四是在与创业企业合作时，要建立有效的沟通和监控机制，及时调整投资策略以适应市场变化。

通过这些策略的实施，众创平台和创业企业能够共同应对市场挑战，实现资源共享，风险共担，最终达到合作共赢的目标。这不仅有助于推动双方各自的成长和发展，也为整个创新创业生态系统的繁荣和稳定做出了积极的贡献。

6 研究结论与展望

6.1 主要研究结论

本书基于实物期权理论的框架，首先搭建了一个众创平台针对创业企业的两阶段投资决策模型。在该模型中，我们细致地比较了传统的一阶段投资决策模型与我们所提出的两阶段决策模型之间的主要差异，阐释了在创业企业成长的不同阶段，众创平台投资决策的动态性和复杂性。通过这种对比分析，我们揭示了众创平台在创业企业生命周期的早期和后期，其投资策略的调整和优化路径。在模型构建过程中，本书特别关注了众创平台在投资活动中可能出现的过度自信行为。这种行为可能会导致众创平台在评估创业企业的价值和发展潜力时出现偏差，从而影响投资决策的准确性。我们分析了过度自信如何在不同阶段的投资决策中发挥作用，以及它如何影响最终的投资结果，包括投资时机的选择、投资规模的确定以及投资退出的策略。此外，本书还深入探讨了创业企业收益流是否遵循泊松跳跃过程对众创平台最优投资时机选择的影响。通过对收益流服从泊松跳跃过程与不服从该过程的情况进行对比分析，得出了众创平台在不同市场环境和收益流特征下应如何灵活调整投资策略的结论。具体来说，有以下几点发现：

（1）当创业企业的收益流服从泊松跳跃过程时，众创平台应当更加关注跳跃发生的概率和大小，因为这可能会显著影响投资的价值和风险。

（2）在收益流不服从泊松跳跃过程的情况下，众创平台则需要更多地考虑市场的基础波动性和企业的持续增长潜力。

（3）无论收益流是否服从泊松跳跃过程，众创平台都应当建立一个动态的监控机制，以便及时捕捉市场变化，并据此调整投资策略。通过这些研究，本书为众创平台在不确定性较高的创业投资领域提供了一套更为精细化的决策工具，帮助其在复杂多变的市场环境中做出更加科学、合理的投资选择。随后，本书建立了众创平台、风险投资机构和创业企业之间的三边道德风险规制模型。在这一模型中，我们研究了过度自信因素和违约补偿机制如何对三边道德风险进行规制，以及这些因素如何影响三方的最优决策。通过这一研究，我们为众创空间内的道德风险管理和决策优化提供了理论依据。最后，本书在众创空间框架下建立了众创平台投资退出时机决策模型。该模型主要考虑了众创平台与创业企业之间的博弈过程对众创平台投资退出决策的影响，为众创平台在复杂的市场环境中做出合理的投资退出决策提供了参考。

根据以上模型的构建与分析，本书得出以下主要研究结论：

一是两阶段投资决策模型在描绘众创平台在创业企业成长轨迹中的投资行为时，展现出了更高的精确度和适应性。与单一阶段模型相比，这种模型更加细致地捕捉到了投资过程中机会的动态变化和风险的波动性。在创业企业的不同成长阶段，众创平台面临的挑战和机遇各不相同，两阶段模型能够更好地模拟这些变化，为投资决策提供更为坚实的理论基础。众创平台的过度自信行为在两阶段投资决策模型中扮演了一个不容忽视的角色。这种心理偏差可能会在创业企业的早期阶段导致众创平台过于乐观地估计项目的成功概率，从而提前或过度投资，而在后期则可能因为过度自信而延迟退出，错过最佳的投资退出时机。这些偏差不仅会影响投资时机的选择，还可能直接关系到投资回报的最终结果。

二是创业企业收益流的泊松跳跃特性对众创平台确定最优投资时机有着深远的影响。收益流的跳跃性意味着企业在某些时刻可能会经历收入的显著变化，这对于投资决策的制定至关重要。众创平台在面对不同的收益流过程时，必须采取相应的投资策略，以最大化收益同时最小化风险。过度自信因素和违约补偿机制在规制众创平台、创业企业和其他相关方之间的三边道德风险方面发挥着关键作用。合理的机制设计能够有效地缓解信息不对称带来的道德风险问题，通过激励相容的合同安排，促进各方诚信合作，实现共赢局面。

三是众创平台的投资退出时机决策不仅是一个财务决策，更是一个策略性的博弈过程。这一过程涉及众创平台与创业企业之间的相互作用和利益博弈。理解这一博弈过程对于优化投资退出策略至关重要。众创平台需要综合考虑市场条件、企业表现、自身投资目标以及与创业企业的关系等因素，以制定出最合适的退出策略。通过深入分析这些因素，众创平台能够更好地平衡继续持有投资与及时退出之间的利弊，从而在保障投资回报的同时，也为创业企业的长期发展提供支持。

综上所述，本书的研究为众创平台在创业企业投资决策、道德风险规制以及投资退出时机选择等方面提供了理论支持和实践指导。

一是在创业企业的成长旅程中，由于其必须面对不断变化的不确定性和生存环境，收益共享机制与众创平台投资最优期权之间的相互作用显得尤为错综复杂。研究表明，虽然众创平台在投资期权的最佳执行时点所采用的收益共享比率具有一定的可预测性，但是这一比率与创业企业的产出期望增长率、波动率等核心参数之间的联系并非简单线性，而是一种复杂的非线性关系。

具体而言，当创业企业的产出期望增长率和波动率提高时，研究发现众创平台的投资退出门槛实际上有所降低。这种现象导致了最优停时（即最佳退出或行权时间）的延长，意味着众创平台可能需要更长时间来观察和评估投资项目的表现，才能确定最佳的退出时机。这种复杂的关系揭示了众创平台在制定投资策略时，必须综合考虑以下多个因素：

（1）创业企业的成长潜力：产出期望增长率的高低直接关系到企业的未来收益前景。

（2）市场风险：波动率的大小反映了市场的不稳定性，对投资决策的风险评估至关重要。

（3）收益共享机制的设计：不同的收益共享比率会对创业企业的激励和众创平台的回报产生不同的影响。

（4）投资退出门槛的设定：合理的退出门槛能够帮助众创平台在适当的时机做出退出决策，以保护投资收益。

因此，众创平台在制定投资策略时，不仅需要对这些因素进行深入分析，还需要建立一套动态的决策框架，以便在创业企业成长的不同阶段，能够灵活调整收益共享机制和投资退出门槛，从而实现对投资时机的精准把握，最大化投资收益同时有效控制风险。这种策略的制定和执行，对于众创平台和创业企业的长期合作与共赢具有重要的实践意义。

二是在相同的市场环境下，众创平台如果采取两阶段投资过程，相比于一次性投资过程，能够更有效地缓解资金压力，并且分散投资风险。这种分阶段投资的策略允许众创平台在创业企业的不同成长阶段进行资金投入，从而可以根据企业的实际表现和市场情况来调整投资规模和方向，提高了资金使用的灵活性和效率。然而，众创平台在投资过程中可能会受到过度自信行为的影响，这种心理偏差可能会导致决策者在没有充分评估创业企业的情况下，过早地将资金注入企业。这种行为不仅会增加投资的风险，还可能导致资金被锁定在表现不佳的项目中，从而影响了整个投资组合的表现和回报。

此外，便利收益指数的提升可以增强平台决策者的投资意愿。这个指数反映了投资决策的便捷性和潜在收益的吸引力，当指数上升时，决策者可能更倾向于进行投资。众创平台决策者在考虑创业企业受益流所服从的类型时，如果能够准确判断收益流的特性和风险，确实可以降低投资风险。但是，这种谨慎的态度也可能导致决策者在面对不确定性时过于保守，从而错失最佳投资时机。

因此，众创平台的决策者在进行投资决策时，面临着平衡谨慎与果断的重要挑战。他们需要做到以下几点：

（1）客观评估：决策者应基于事实和数据，而非个人情感或过度自信，来评估创业企业的潜力和风险。

（2）分阶段决策：通过分阶段投资，决策者可以在每个阶段根据新的信息和企业的表现来调整投资策略。

（3）风险管理：决策者应制定有效的风险管理措施，以防止过度自信导致的过早投资和资金浪费。

（4）敏感性与决断力：决策者需要在保持对市场敏感性的同时，也具备在关键时刻做出决断的能力，以抓住投资机会。

通过这些措施，众创平台的决策者可以更好地平衡谨慎与果断，从而在保障投资安全的同时，也能够把握住市场机遇，实现投资收益的最大化。

三是在深入探讨众创空间框架下众创平台、风险投资机构和创业企业之间复杂的三边道德风险问题时，我们揭示了信息不对称和机会主义行为是引发委托代理契约中道德风险的根本因素。在这种情境下，众创平台的过度自信行为虽然有可能为创业企业带来更高的收益，并在一定程度上降低其道德风险，但这种行为同时也带来了额外的代理成本，并可能激发众创平台自身以及与之合作的风险投资机构的违约倾向。为了有效应对这一问题，我们提出了引入违约补偿机制的策略。这种机制能够显著提高风险投资机构违约和创业企业私下签订契约的成本，从而在一定程度上降低了众创平台与创业企业之间的道德风险。违约补偿机制的运用，不仅提升了创业企业在契约执行过程中披露真实收益的意愿和能力，也为规制众创空间中的三边道德风险问题提供了有效的手段。

具体而言，违约补偿机制的引入具有以下几方面的积极影响：

（1）提升透明度，通过增加违约成本，机制促使各方更加诚实地披露信息和收益，减少了信息不对称的问题。

（2）强化契约执行，违约补偿机制使契约条款更具约束力，有助于确保各方遵守协议，降低了违约行为的发生。

（3）优化风险管理，众创平台和风险投资机构在面临更高的违约成本时，会更加谨慎地评估和管理投资风险。

（4）促进公平合作，机制的建立有助于建立更加公平的合作关系，减少了机会主义行为，促进了各方之间的信任。

这一研究成果对于众创空间的运营管理优化具有深远影响和实践指导价值。它不仅能够显著提升众创空间内部各参与方之间的合作效率，促进资源共享和知识交流，而且对于整个创新创业生态系统的健康发展起到了关键的推动作用，有助于形成良性的互动和循环。通过有效规制道德风险，众创空间能够更加充分地发挥其作为创业企业孵化器和成长加速器的重要功能。这意味着众创空间能够为创业企业提供更加稳固和可靠的支持体系，包括但不限于资金投入、市场推广、管理咨询和技术支持，从而帮助创业企业克服成长过程中的种种挑战，提高其生存率和成功率。同时，这一发现也为风险投资机构营造了一个更加公平和透明的投资环境。在这样的环境下，风险投资机构能够更加准确地评估投资项目的潜在价值和风险，做出更为明智的投资决策。这不仅有助于保护投资者的利益，也能够激励更多的风险投资机构参与到创新创业活动中来，为创业企业的发展提供更为丰富的资金来源和资源支持。

此外，通过规制道德风险，众创空间还能够增强其品牌形象和市场信誉，吸引更多的优质创业项目和投资机构入驻，从而形成一个正向的反馈循环，进一步促进众创空间的繁荣和整个创新创业生态系统的活力。总之，这一研究成果为众创空间的可持续发展提供了理论支持和实践路径，对于推动创新创业事业的进步具有重要的现实意义。

6.2 管理启示

本书立足于众创空间中创业企业投资收益共享机制与其成长过程中固有的一系列不确定性因素，旨在为众创平台提供更为科学的投资退出策略。在此背景下，本书创新性地将实物期权定价理论引入到众创平台对创业企业投资退出的模型构建中，为解决投资退出决策问题提供了新的视角和方法论。

实物期权定价理论的引入，使众创平台在考虑投资退出时，能够更加准确地评估创业企业的潜在价值和投资风险。这种理论认为，投资退出决策本质上是一种期权，众创平台持有这种期权，可以在未来某个合适的时机行使退出权利，以实现投资收益的最大化。因此，众创平台在做出投资退出决策时，不仅要考虑当前的市场状况和企业的财务状况，还需要考虑未来市场变化带来的潜在机会和风险。在本书中，我们构建了一个包含多种不确定性因素的投资退出模型，这些因素包括但不限于市场需求的波动、技术进步的不确定性、竞争环境的变化以及政策法规的调整。模型通过实物期权定价方法，为众创平台提供了一套系统的评估体系，帮助其在复杂的创业投资环境中做出更加合理和有效的退出决策。此外，本书还考虑了投资收益共享机制对投资退出决策的影响。在众创空间中，众创平台与创业企业之间往往存在收益共享的协议，这直接影响到了投资退出的时机和方式。我们的模型通过设定不同的收益共享比例和条件，分析了这些因素如何影响众创平台的退出策略。通过本书的深入分析，我们不仅为众创平台提供了一套科学的投资退出策略，也为创业企业在融资结构和收益分配方面提供了有益的参考。最终，本书有助于促进众创空间生态系统的健康发展，为创新创业活动提供更加坚实的支持。

第一，对于众创平台而言，其核心任务无疑是提升运营效率和服务质量。

这不仅直接关系到平台在激烈市场竞争中的生存力和竞争力，也是增强与创业企业在契约谈判中话语权的重要基础。众创平台应当着手建立一套科学、严谨的筛选和评估机制，对涌入平台的众多创业项目进行细致而深入的分析和考察。这一过程需要重点关注项目的创新性、市场潜力、团队实力以及创业孵化成功率等多方面因素，以确保平台资源的有效配置和投资回报的最大化。在制定投资规划时，众创平台需要具备前瞻性和战略眼光，综合考虑最优期权与投资时间之间的关系，明确投资周期与期权价值之间的权衡。投资周期的延长无疑会增加市场的不确定性，但同时也有可能带来更高的期权价值，尤其是在那些技术迭代快速、市场潜力巨大的领域。因此，众创平台在追求快速的资金回笼和长期的期权价值之间必须做出审慎而明智的选择。如果众创平台选择追求短期内的资金回笼，那么它可能需要放弃一些具有潜在长期期权价值的投资机会。这种策略适合于那些需要快速验证商业模式和做出市场反应的创业项目。然而，如果众创平台更倾向于追求长期的期权回报，那么它应当选择那些市场前景广阔、尽管波动性较高但具有巨大成长潜力的创业企业进行投资。这种策略可能需要平台具备更强的风险承受能力和更长期的资金流动性管理能力。总之，众创平台在投资决策时，需要综合考虑自身的战略定位、资源优势、风险偏好以及市场环境等多方面因素，制定出既符合自身发展需求又能有效支持创业企业成长的综合投资策略。通过这样的策略，众创平台不仅能够为自身创造稳定的收益，也能为整个创新创业生态系统注入持续的动力。

第二，众创平台应当不遗余力地构建一个全面而高效的信息网络，并在此基础上建立一套科学合理的创业企业评价体系。这套评价体系应当具备高度的精确性和实用性，能够对拟投资的创业企业的价值、市场前景、技术成熟度、管理团队实力、商业模式可行性等关键指标进行全方位的评估。为了确保评估的准确性，众创平台需要对创业企业所处的市场环境进行深入的研究和分析。这包括但不限于行业趋势、市场竞争状况、消费者需求变化、政策法规影响等因素。通过这些分析，众创平台能够科学地预测企业产值的波动幅度和发生概率，从而在投资决策时更加有的放矢。准确而全面的企业评估是众创平台投资成功的重要前提。任何评估上的失误都可能导致资源的错配和浪费，甚至直接导致投资项目的失败。因此，众创平台在构建评价体系时，应当注重以下几个方面：

（1）多维度评估，评价体系应当涵盖财务、技术、市场、团队、法律等多个维度，确保评估的全面性。

（2）动态监控，创业企业的状况是不断变化的，评价体系应当能够实时更新数据，进行动态监控和调整。

（3）专家参与，引入行业专家和市场分析师的见解，提高评估的专业性和准确性。

（4）数据支持，利用大数据和人工智能技术，对大量数据进行处理和分析，为评估提供数据支持。

通过这样一套评价体系，众创平台不仅能够更好地识别和筛选出具有潜力的创业项目，还能够为已投资的创业企业提供持续的支持和辅导，帮助它们克服成长过程中的各种挑战，最终实现投资双方的共赢。

第三，众创平台必须不断完善自身的投资机制，采取根据创业企业不同发展阶段而设计的策略性分段投资方法。这种分阶段的投资策略具有多重优势，它不仅能够有效缓解众创平台因一次性大量投资而面临的资金压力，还能够显著降低因创业企业投资失败或违约所带来的资金回收风险。具体来说，分阶段投资策略的实施可以体现在以下几个方面：

（1）风险分散，通过在不同阶段对创业企业进行小额、逐步的投资，众创平台可以将风险分散到多个时点，减少单一时点投资失败对整体投资组合的影响。

（2）资金流动性管理，分阶段投资有助于众创平台更好地管理资金流动性，确保在创业企业需要资金支持时能够及时提供，同时避免资金闲置。

（3）项目监控与调整，随着创业企业的成长，众创平台可以在每个投资阶段结束后，根据企业的实际表现和市场反馈来调整后续投资策略，从而提高投资效率。

（4）增强谈判地位，分阶段投资使众创平台在后续投资决策中拥有更大的话语权，可以根据企业的进展情况来决定是否继续投资，这有助于激励创业企业持续改进和提升。

（5）市场适应性，市场环境是不断变化的，分阶段投资使众创平台能够根据市场变化及时调整投资计划，提高投资策略的灵活性和适应性。

（6）价值最大化，通过分阶段投资，众创平台可以在创业企业价值增长的关键时期加大投资力度，从而在适当的时机实现投资价值的最大化。

总之，众创平台通过实施分阶段投资策略，不仅能够更好地控制投资风险，还能够提高投资决策的科学性和有效性，为创业企业的成长提供更加稳定和持续的支持，最终实现众创平台与创业企业的共同发展和繁荣。

第四，考虑到众创平台决策者的过度自信行为对投资决策可能产生的显著影响，决策者在进行投资决策时必须保持高度的清醒和理性，严格控制和约束自己的过度自信倾向。这一点至关重要，因为它直接关系到投资决策的质量和最终的投资成效。为了确保投资决策的准确性，决策者应当采取以下措施：

（1）客观分析，决策者在评估创业项目时，应基于客观的数据和事实进行分析，避免受到个人情感或偏好的影响。

（2）多元信息来源，在收集市场信息时，决策者应从多个渠道和角度获取数据，确保信息的全面性和真实性，避免单一信息源的偏差。

（3）风险评估，在做出投资决策前，决策者应进行全面的风险评估，包括考虑最坏情况下的潜在损失，以及如何应对这些风险。

（4）决策复核，建立决策复核机制，通过团队讨论或第三方评审来验证决策的合理性和可行性，减少个人主观判断的误差。

（5）持续学习，决策者应不断学习和更新自己的知识体系，提高对市场动态的敏感度和预测能力，以减少因信息不对称导致的过度自信。

（6）情绪管理，决策者需要意识到自己的情绪状态可能对决策产生影响，并通过适当的情绪管理技巧来保持冷静和客观。

通过这些措施，众创平台的决策者可以更加有效地控制过度自信行为，确保投资决策基于真实可靠的市场信息，从而降低投资过程中的风险，提高投资的成功率。这对于维护众创平台的健康运营，促进创业企业的可持续发展，以及整个创新创业生态系统的繁荣都具有重要的意义。

第五，为了促进众创平台的健康发展，保障投资市场的稳定，政府和相关监管机构应当加强对众创平台的金融监管力度，采取一系列措施来规范其投资行为，防止投机性活动的发生。具体而言，政府和监管机构应当采取以下措施：

（1）完善监管体系，建立健全针对众创平台的监管框架，明确监管职责，制定具体的监管规则，确保监管的有效性和针对性。

（2）严格控制投机行为，通过法律法规和技术手段，监控众创平台的活动，及时发现并制止投机行为，防范金融风险的累积。

（3）引导合理风险预期，通过信息披露和宣传教育，增强市场参与者的风险意识，引导他们形成合理的风险预期，从而降低市场的整体风险。

（4）降低违约倾向，加强对众创平台的信用评级和风险评估，对于那些违约倾向较高的平台，采取提前预警和干预措施，减少违约事件的发生。

（5）优化市场环境，政府应通过宏观调控手段，如财政政策、货币政策和产业政策，优化市场环境，为众创平台和创业企业提供良好的发展空间。

（6）打击虚假信息，加大对虚假信息传播的打击力度，净化市场信息环境，保护投资者免受误导，确保市场信息的真实性和透明度。

（7）提升投资信心，通过政策支持和市场引导，提升众创平台决策者对实体经济的投资信心，鼓励他们更多地投资于有潜力的创业项目，促进实体经济的发展。

通过这些综合措施，政府能够有效地规范众创平台的行为，保护投资者的合法权益，同时也有助于维护金融市场的稳定，促进众创平台和创业企业的健康成长，为我国创新创业生态系统的繁荣和发展提供坚实的支撑。

第六，众创平台在推动创新创业的过程中，应当持续优化三边融资契约的设计，确保契约的公平性和有效性。为了有效规制众创平台、风险投资机构和创业企业三方主体的违约倾向，众创平台可以采取以下措施：

（1）引入违约补偿机制，众创平台应与风险投资机构协商，建立一套违约补偿机制，明确在违约发生时责任方的补偿责任，以及补偿的具体流程和标准。

（2）合理设置补偿比例，在补偿机制中，应合理设定补偿比例，既要确保违约方承担相应的责任，又不能过度惩罚，以免抑制风险投资机构的投资积极性和创业企业的创新动力。

（3）提高融资契约稳定性，通过上述机制，增强各方对融资契约的信任和遵守，提高整个融资契约的稳定性，为创业企业的长期发展提供稳定的资金支持。

（4）引入外部监督和评估，众创平台可以引入第三方监督和评估机构，对三边融资契约的执行情况进行独立监督和评估，确保契约条款得到有效执行。

（5）定期发布信用评价信息，外部监督机构应定期发布各主体的信用评价信息，通过公开透明的信用记录，增强市场对各方履约能力的了解，从而约束各主体的行为。

（6）建立履约激励机制，除了违约补偿机制外，还应建立履约激励机制，对于表现良好的主体给予一定的奖励或优惠，以此鼓励各方积极履行契约义务。

（7）完善法律保障体系，众创平台应与法律顾问合作，完善融资契约的法律保障体系，确保契约的法律效力和可执行性。

通过这些措施，众创平台能够更有效地管理三边融资契约中的风险，促进各方主体的合作与信任，为创业企业提供更加稳定和可靠的融资环境，进而推动整个创新创业生态系统的健康发展。

第七，众创平台在推动创新创业的过程中，应当积极探索和实施筹资机制的多元化策略，以此拓宽资金来源渠道，减少对单一或少数风险投资机构的过度依赖，从而有效降低潜在的违约倾向。以下是多元化的筹资机制可能带来的益处和实施方式：

（1）吸引多样化的投资基金，众创平台应积极吸引包括政府引导基金、天使投资人、私募股权基金、产业投资基金、众筹平台等多种类型的健康投资基金参与，形成多元化的投资主体结构。

（2）降低依赖性和风险，通过多元化资金来源，众创平台可以减少对特定投资者的依赖，分散投资风险，避免因单一投资者的变动而影响平台的整体运营和创业企业的资金链。

（3）提高财务稳健性，多元化的资金来源有助于众创平台建立更加稳固的财务基础，提高其应对市场波动和经济不确定性能力，确保平台的长期可持续发展。

（4）稳定支持创业企业，多元化的资金池能够为创业企业提供更加稳定和持续的资金支持，帮助创业企业在不同发展阶段获得必要的资源，促进其健康成长。

（5）增强市场竞争力，众创平台通过多元化的筹资机制，可以增强自身的市场竞争力，吸引更多优质的创业项目，提升平台的品牌价值和影响力。

（6）创新筹资方式，众创平台可以探索债券发行、资产证券化、信托基金等创新的筹资方式，为创业企业和投资者提供更多样化的投资和退出渠道。

（7）建立战略合作关系，众创平台可以与各类投资基金建立长期战略合作关系，通过资源共享、信息互通、联合投资等方式，共同推动创新创业项目的成功。

通过这些措施，众创平台不仅能够提升自身的筹资能力，还能够为创业企业提供更加丰富和灵活的资金解决方案，从而在促进创新创业的同时，也为整个投资市场的繁荣和稳定做出贡献。

总结而言，这些管理启示为众创空间的合理发展提供了全面而深入的指导，它们不仅有助于众创平台更有效地服务于创业企业，激发创新创业活力，促进创新创业生态系统的繁荣，同时也为投资者、创业者和政策制定者提供了宝贵的经验和参考，共同推动众创空间朝着更加健康和可持续的方向发展。具体来说，这些启示的实践意义体现在以下几个方面：

（1）提升服务能力，众创平台根据这些启示，可以优化自身的服务体系，提供更加精准和高效的服务，帮助创业企业解决在成长过程中遇到的各种问题，从而提高创业成功率。

（2）优化投资决策，投资者可以依据这些启示，更加理性地评估投资机会，合理配置资源，降低投资风险，提高投资回报。

（3）指导政策制定，政策制定者可以参考这些启示，出台更加贴合市场实际需求的支持政策，为众创空间和创业企业提供良好的发展环境。

（4）促进资源共享，这些启示鼓励众创平台之间以及与外部机构之间的资源共享和合作，通过协同效应，提升整个生态系统的创新能力和竞争力。

（5）增强风险管理，众创平台和投资者可以根据这些启示，建立更加完善的风险管理体系，提前识别和应对潜在的风险，确保投资的安全性和稳定性。

（6）推动持续创新，这些启示强调了持续创新的重要性，鼓励众创平台和创业企业不断探索新的商业模式、技术路线和市场机会，保持持续的发展动力。

通过这些管理启示的实践，众创空间将能够更好地发挥其在创新创业中的桥梁和纽带作用，为我国经济结构的转型升级和高质量发展贡献新的动力。同时，这也将有助于构建一个更加开放、包容、创新和具有国际竞争力的创新创业生态系统，为全球创新创业事业的发展提供中国智慧和中国方案。

6.3 创新点与存在的不足

6.3.1 本书创新

本书的创新之处主要体现在以下几个方面，这些创新之处为众创平台投资决策问题的研究开辟了新的理论视角和方法论路径：

第一，本书在理论研究方法上的创新体现在对实物期权理论的深入应用和发展。具体来说，本书创新性地构建了一个包含泊松跳跃过程的两阶段投资决策模型，该模型专门针对众创平台对创业企业的投资决策问题。这一模型不仅考虑了市场的一般波动性，而且特别引入了泊松跳跃过程，这一过程能够有效地模拟市场中的突发事件，如技术革新、政策变动等，对投资决策的即时影响。本书在理论模型构建上的创新在于，首次将行为金融学中的过度自信理论融入众创平台决策者的投资决策分析中。这种融合使模型能够更贴近现实地描述决策者在面对不确定性时的心理特征和行为模式，从而深入探讨了在一次性和两阶段投资策略之间的选择差异。本书在模型应用上的创新体现在，通过对创业企业收益流所伴随的随机布朗运动和泊松跳跃情境的模拟，详细分析了过度自信水平、便利收益指数等关键指标如何在不同投资阶段影响平台决策者的投资时机选择。这种分析为实际投资决策提供了更为精细化的理论指导，使决策者能够更加准确地评估投资风险和潜在收益，优化投资策略。此外，本书还创新性地探讨了收益共享机制和投资沉没成本对众创平台投资决策的影响，以及这些因素如何在不同市场环境下发挥作用。这些研究不仅丰富了众创平台投资决策的理论体系，也为实践中的投资决策提供了更加全面和实用的分析工具。本书的研究成果不仅在理论上具有创新性，而且在实践应用上也具有显著的价值，为众创平台的投资决策提供了新的视角和方法，有助于提高投资效率和创业企业的成功率，进而推动整个创新创业生态系统的健康发展。

第二，本书在理论研究上取得了另一项重要创新，即构建了一个全新的三边道德风险规制模型。该模型独特地涵盖了风险投资机构、众创平台以及创业企业之间的复杂互动关系，这些关系在传统的投资决策研究中往往被忽视或简化处理。在这个三边模型中，本书创新性地将行为金融学中的过度自信理论引入到道德风险的分析框架中。这一理论的引入，使模型能够更加深入地揭示众创平台决策者的过度自信水平对风险投资机构、众创平台自身以及创业企业三方收益的潜在影响。具体来说，本书分析了过度自信如何在不同情境下加剧或缓解道德风险，以及它如何影响各方的投资决策和合作行为。此外，本书还针对三边道德风险提出了一种违约补偿机制。这种机制的设计旨在通过经济激励和约束手段，有效地规制风险投资机构、众创平台和创业企业之间的道德风险问题。通过对违约补偿机制的理论分析和案例研究，本书展示了该机制如何在实际操作中平衡各方的利益，促进诚实守信的合作行为，从而降低道德风险的发生概率。本书还详细探讨了违约补偿机制的具体实施策略，包括补偿的条件、金额和支付方式等，以及这些因素如何影响机制的效率和公平性。通过这些分析，本书为实践中道德风险的管理提供了坚实的理论依据和操作指南，有助于风险投资机构、众创平台和创业企业在合作过程中更好地识别、评估和管理道德风险，保障合作的稳定性和长期性。总之，本书通过构建三边道德风险规制模型，并结合过度自信理论和违约补偿机制，为众创平台投资决策问题的研究提供了新的理论视角和方法论，对于促进创新创业生态系统的健康发展具有重要的理论意义和实践意义。

第三，在众创空间这一特定框架下，本书精心构建了一个针对众创平台对创业企业投资退出时机决策的模型。该模型的核心在于引入了两个关键的经济因素：收益共享机制和投资沉没成本。这两个因素在创业投资领域扮演着至关重要的角色，对投资决策的最终结果有着深远的影响。为了求解这一模型，本书采用了动态规划方法，这是一种适用于处理时间动态变化和阶段性决策问题的数学工具。通过动态规划，我们能够模拟众创平台在创业企业不同成长阶段的投资决策过程，并找出在考虑收益共享和沉没成本的情况下，众创平台的最优投资退出时机。本书通过深入分析收益共享机制和投资沉没成本如何相互作用，以及它们如何影响众创平台的最优投资期权，为创业企业在不同发展阶段期权价值的增值提供了理论支持。在此基础上，本书进一步探讨了众创平台如何实现投资期权的最优化，包括评估投资退出的合理性和可行性。具体而言，本书的研究结果表明，众创平台在制定投资退出策略时，必须综合考虑收益共享机制带来的利益分配问题，以及投资沉没成本对决策灵活性的限制。通过对这些因素的综合考量，众创平台能够更准确地评估创业企业的价值，确定合适的投资退出时机，从而最大化投资回报，同时有效控制风险。最终，本书的研究为众创平台在投资退出策略上的决策提供了科学依据。这有助于众创平台在复杂多变的市场环境中做出更加理性、高效的决策，也为创业企业在获取资金支持和发展指导方面提供了更加稳定和可靠的预期。因此，本书的研究成果对于促进众创空间内投资活动的健康发展和创新创业生态系统的整体优化具有重要的理论价值和实践价值。

第四，为了确保上述三个决策模型在实际应用中的有效性和实用性，本书采用了 Matlab 这一强大的数学计算和仿真软件进行了深入细致的仿真分析。通过在 Matlab 中构建模型，并模拟不同的市场环境、投资条件以及决策参数，本书成功地验证了模型的稳定性和适应性，确保了研究成果在实际操作中的可靠性。在仿真分析过程中，本书充分考虑了市场波动、创业企业成长阶段、资金成本、收益共享比例、沉没成本等多种因素的影响，通过大量的数值实验，得出了具体的仿真结果。这些结果不仅展示了模型在不同情境下的表现，还为众创平台提供了具体的决策参考和建议。例如，模型能够指出在何种市场条件下，众创平台应当选择继续持有投资、追加投资或是及时退出，以及这些决策对投资回报的具体影响。这些创新性的研究成果不仅为实物期权理论和过度自信理论在创业投资领域的应用提供了新的实证支持，而且为众创平台在复杂多变的市场环境中做出科学、合理的投资决策提供了有力的理论依据和工具。具体而言，本书的研究成果如下：

（1）丰富了实物期权理论在创业投资中的应用，通过将实物期权的思想与创业投资实践相结合，为众创平台提供了一种新的决策视角。

（2）拓展了过度自信理论在投资决策中的应用范围，通过考虑决策者的心理因素，增强了模型的现实解释力。

（3）提供了一套系统的、基于模型的决策方法，众创平台可以据此评估投资项目的潜在价值和风险，从而制定更加精准的投资策略。

综上所述，本书的研究成果不仅为众创平台在实际投资决策中提供了科学的方法和工具，也为创业投资领域的研究者和实践者提供了新的视角和实践指导，对于推动众创空间和创新创业生态系统的健康发展具有重要的理论意义和现实意义。

6.3.2   不足与展望

本书在探索将实物期权理论应用于众创平台投资决策的研究领域取得了一定的研究成果，为理解和优化众创平台在创业企业成长过程中的投资策略提供了新的视角和方法。然而，在尝试结合过度自信理论和委托代理理论来丰富和完善投资决策模型的过程中，本书发现了一些不足和局限性。

首先，过度自信理论在本文中的应用尚未能够充分量化投资者在决策过程中的过度自信程度，这对于精确评估投资风险和制定相应的风险控制措施是一个重要的缺失。未来研究需要开发更为精细的度量工具，以便更准确地捕捉投资者心理特征对投资决策的影响。其次，委托代理理论在本书中的引入虽然有助于解释众创平台与创业企业之间的利益冲突和合作问题，但在实际模型构建中，对于代理问题的解决机制和激励相容的设计还不够完善。未来的研究应当更加深入地探讨如何通过合同设计、激励机制和监督机制来缓解委托代理问题，从而提高投资效率。此外，本书在实证研究部分的数据采集和处理上存在一定的局限性，样本量可能不足以代表整个行业的情况，且数据的可获得性和质量也可能影响研究结果的可靠性。未来的研究应当努力扩大数据样本，提高数据质量，以便得出更具普遍性和说服力的结论。最后，本书在模型验证和应用方面还有待加强。未来的研究应当通过更多的案例分析和实证检验来验证模型的适用性和预测能力，同时，也需要探索如何将理论模型更好地转化为实际操作指南，为众创平台和创业企业的投资决策提供更为具体的指导和建议。总之，本书的研究虽然取得了一定的成果，但在理论深化和实践应用方面仍有广阔的空间等待未来的研究者去探索和拓展。

本书构建的基于实物期权的众创平台投资模型，其核心在于为单一创业企业和单一众创平台之间的投资决策提供理论支持。然而，这一模型的适用范围存在一定的局限性，它主要针对的是创业企业和众创平台均为单一主体的简单情境。在现实的经济环境中，情况往往要复杂得多，创业企业和众创平台往往不是孤立存在的，而是处于一个充满竞争的市场环境中。在存在多家创业企业或众创平台的情况下，它们之间的相互作用和竞争关系将对投资决策产生重大影响。这种竞争不仅涉及资源的争夺，如资金、人才和市场，还涉及战略的博弈，如投资时机的选择、投资规模的确定以及投资退出策略的制定。因此，简单的二元比较分析在这种情况下就显得力不从心，无法全面反映市场的真实情况。

未来的研究路径无疑将是一片充满挑战与机遇的新领域。在这个多创业企业和多众创平台交织的竞争网络中，研究者们需要拓宽视野，提升分析的深度和广度。他们将不再是观察单一的决策点，而是要把握整个市场的脉搏，理解错综复杂的策略互动。在这样的研究框架下，模型的设计将更加精细，需要考虑的因素也将更加多元。研究者们不仅要模拟创业企业在融资过程中的策略选择，还要预测众创平台在投资决策时的心理预期和行为模式。这就要求研究者具备跨学科的知识储备，能够将经济学、心理学、管理学等多领域的理论融为一体，以实现对现实情境的逼真模拟。在具体的案例研究中，研究者可能会关注这样一个场景：在众多渴望成长的创业企业中，众创平台如何运用有限的资源，通过精准的投资决策，挑选出最有潜力的项目。同时，他们还需要探讨在多个众创平台争夺优质项目的过程中，如何通过策略调整来确保自身的竞争优势。更进一步地，当研究转向 N 对 N 的博弈问题时，研究者们将面临的是一个更加立体和动态的市场环境。在这里，每一家众创平台和创业企业的决策都将影响整个市场的平衡，而市场的变化又会反过来影响每一位参与者的下一步行动。这种研究将有助于揭示市场中的权力博弈、资源争夺以及合作与竞争的微妙平衡。通过这种深入的多方博弈分析，研究者们不仅能够为众创平台和创业企业提供更加精准的策略指导，还能够为政策制定者提供决策参考，帮助他们在宏观层面优化创新创业环境，推动整个生态系统的健康发展。

总之，将实物期权理论应用于多主体竞争情境下的投资决策研究，不仅是对现有理论的深化和拓展，更是对实践界的一次重大贡献。它将为众创平台和创业企业在激烈的市场竞争中提供强有力的智力支持，帮助它们在波诡云谲的市场环境中找到属于自己的发展之路。另外，在众创平台对创业企业的投资决策过程中，随着市场上优质创业企业的不断涌现和加入，众创平台将不可避免地面临序贯投资决策的挑战。这种序贯性体现在众创平台需要在不同的时间节点上，对多家潜在的创业企业进行评估和选择，从而决定投资的对象、规模、时机和结构。这一过程不仅要求众创平台具备前瞻性的市场洞察力，还要求其具备出色的资源分配和风险管理能力。众创平台在做出投资决策时，需要综合考虑多个因素，包括但不限于创业企业的成长潜力、市场前景、技术优势、管理团队的能力以及与平台自身的战略契合度。同时，众创平台还必须平衡现有投资和新投资之间的关系，确保资源的合理配置，避免过度集中或分散投资带来的风险。此外，为了最大化自身利益，众创平台可能会对某些创业企业进行多轮融资，以支持其持续成长和扩张。在这一过程中，众创平台需要考虑如何引入新的投资方，包括其他风险投资机构、私募股权基金甚至是公众投资者，这涉及如何在众创空间框架下构建一个多方参与、利益共享的投资生态系统。启动 IPO 进程是创业企业成长过程中的一个重要里程碑，对于众创平台而言，这也是一个关键的退出时机和收益实现点。因此，众创平台需要研究如何在合适的时机推动创业企业走向公开市场，以及如何在这一过程中保护自身和创业企业的利益。

对这些问题的深入研究，对于众创平台而言，不仅意味着能够更加精准地把握投资时机，提升投资效率，还意味着能够在激烈的市场竞争中稳固自身的地位，实现长期的战略规划。这样的研究将使众创平台在投资决策上拥有更为坚实的理论支撑，能够更加灵活地应对市场变化，优化投资结构，从而在保障投资安全的同时，追求更高的投资回报。此外，这些研究成果将赋予众创平台一套更为系统化的决策工具，使其在复杂的市场环境中能够游刃有余，不仅能够有效地筛选和培育具有成长潜力的创业企业，还能够确保平台自身的资金安全和流动性。在这样的决策框架指导下，众创平台将能够更好地发挥其在创新创业生态圈中的桥梁和纽带作用，促进资源的高效流动和优化配置。

更重要的是，这些研究将帮助众创平台建立起动态的、适应性的投资策略，使其能够随着市场环境和创业企业状况的变化而适时调整投资方向和力度。这种策略不仅能够提升众创平台的风险抵御能力，还能够增强其在创业投资领域的核心竞争力，为平台的持续发展和创业企业的健康成长提供强有力的支持。最后，科学研究的价值在于其能够为实践提供指导，而实践又是检验科学理论有效性的唯一标准。本书的研究成果，无论是在理论模型的构建还是在决策策略的提出，都旨在为众创平台、创业企业以及风险投资机构提供有力的理论支持和实践指导。然而，任何理论模型都不可能一蹴而就，它们需要不断地完善和发展，而这离不开实践的检验和反馈。因此，未来的研究应当特别注重理论与实践的紧密结合。研究者需要深入实践，从实际操作中收集数据和信息，了解众创平台、创业企业和风险投资机构在现实中所面临的具体问题和挑战。这些来自一线的宝贵经验将为理论模型的调整和优化提供重要的参考依据，使其更加贴近实际情况，更具实用价值。通过这种理论与实践的互动，研究者可以不断修正和完善理论模型，提高研究的科学性和应用性。这种循环迭代的过程不仅能够促进理论研究的深入，还能够为实践中的决策者提供更加精准、有效的决策工具。最终，这种研究成果将有助于推动创新创业生态系统的健康发展，为整个社会经济的进步贡献更多的智慧和力量。

具体而言，未来的研究可以通过以下途径来强化理论与实践的联系：一是建立长期的跟踪研究机制，对众创平台和创业企业的成长路径进行持续观察和分析；二是开展案例研究，深入剖析成功的创新创业案例，提炼出可供复制和推广的经验；三是搭建实验平台，通过模拟实践环境来测试和验证理论模型的适用性和有效性。通过这些方法，科学研究将更好地服务于实践，为创新创业生态系统的繁荣做出更大的贡献。

参考文献

［1］ Armstrong M, Rochet J. Multi-dimensional screening: A user's guide [J]. European Economic Review, 1999, 43 (4): 959-979.

［2］ Bar-Ilan A, Strange W C. A model of sequential investment [J]. Journal of Economic Dynamics and Control, 1998, 22: 437-463.

［3］ Bereskin F L, Hsu P H. Bringing in Changes: The effect of new CEOs on innovation [R]. Social Science Electronica Publishing, 2014.

［4］ Biekpe N, Klumpes P, Tippett. Analytic solutions for the value of the option to invest [M]. Oxford: Butterworth-Heinemann, 2003: 67-90.

［5］ Black F, Scholes M S. The pricing of options and corporate liabilities [J]. Journal of Political Economy, 1973: 637-659.

［6］ Brach M D Paxson. A fene to drug venture: Poisson options analysis [J]. R&D Management, 2001, 31 (2): 203-214.

［7］ Brennan, Schwartz E S. Evaluating natural resource investments [J]. Journal of Business, 1985, 58 (2): 135-158.

［8］ Bygrave William D, Timmons Jeffry. Venture capital: Predictions and outcomes. venture capital at the crossroads and realizing investment value revisited [J]. Management Buy-outs and Venture Capital: Into the Next Millennium, 1999:

38-56.

[9] Casamatta C. Financing and advising: Optimal financial contracts with venture capitalist [Z]. SSRN Working Paper, July 10, 2003.

[10] Casamatta. Financing and advising: Optimal financial contract venture capitalists [J]. Journal of Finance, 2003, 58 (5): 2059-2085.

[11] Chifeng Dai, Sajal Lahiri. International joint venture with double-sided moral hazard: Payment arrangements and credit constraints [J]. Oxford Economic Papers, 2012, 64 (2): 281-301.

[12] Childs P D, Triantis A J. Dynamic R&D investment policies [J]. Management Science, 1999, 45: 1359-1377.

[13] Childs, Triantis A J. Capital budgeting for interrelated projects: A real options approach [J]. Journal of Financial and Quantitative Analysis, 1998, 33: 305-334.

[14] Cox J, Ross S. Option pricing a simplified approach [J]. Journal of Financial Economics, 1979, 7 (3): 229-263.

[15] Heath C, Tversky A. Preference and belief: Ambiguity and competence in choice under uncertainty [J]. Journal of Risk and Uncertainty, 1991 (4): 5-28.

[16] David L Weimer, Aidan R Vining. Policy analysis: Concepts and practice (Fourth Edition) [M]. Pearson: Prentice Hall, 2005.

[17] Dean J. Capital budgeting [M]. New York: Columbia University Press, 1951.

[18] De Vericourt F, Jain K, Bearden J N, et al. Sex, risk and the newsvendor [J]. Journal of Operations Management, 2013 (31): 86-92.

[19] Dixit A, Pindyck R. Investment under uncertainty [M]. State of New Jersey: Princeton University Press, 1994.

[20] Eric A L. Test tor the real option in consumer behavior [J]. Research in

Economics, 2014, 68 (1): 70-83.

[21] Galasso A, Simcoe T S. CEO overconfidence and innovation [J]. Management Science, 2011, 57 (8): 1469-1486.

[22] Geske R. The valuation of compound options [J]. Journal of Financial Economics, 1979, 7: 63-81.

[23] Graham, John R, Hai Huang, Cam Harvey. Investor competence, trading frequency, and home bias [J]. Management Science, 2009 (55): 1094-1106.

[24] Grenadier S R, Weiss A M. Investment in technological innovations: An option pricing approach [J]. Journal of Financial Economics, 1997 (44): 397-416.

[25] Gustavo Grullon, Evgeny Lyandres, Alexei Zhdanov. Real options, volatility, and stock returns [J]. The Journal of Finance, 2012, 67 (4): 1499-1537.

[26] Hayward M, Hambrick D. Explaining the premiums paid for large acquisitions: Evidence of CEO hubris [J]. Administrative Science Quarterly, 1997 (42): 103-127.

[27] Hoppe H C. Second-mover advantages in the strategic adoption of new technology under uncertainty [J]. International Journal of Industrial Organization, 2000, 18: 315-338.

[28] Houben. Venturen capital, double sided adverse selection, and double sided moral hazard [R]. SSRN Working Paper, 2002.

[29] Hugh C. Compensation for dismissal: In search of principle [J]. Industrial Law Journal, 2012, 41 (2): 208-227.

[30] Humphery-Jenner M, Ling L L, Nanda V. Executive overconfidence and compensation structure [J]. Journal of Financial Economics, 2016, 119 (3): 533-558.

[31] Hou W, Wang H. The Impact of overconfidence on supply Chain incentive contract under double-sided moral hazard [R]. International Conference on In-

formation Management, 2011.

[32] Inderst R, Müller M. The effect of capital market characteristics on the value of start-up firms [J]. Journal of Financial Economics, 2004, 72 (2): 319-356.

[33] Jewitt Lan, Kadan Ohad, Swinkels Jeroen M. Moral hazard with bounded payments [J]. Journal of Economic Theory, 2008, 143 (1): 59-82.

[34] Russo J E, Schoemaker P J H. Managing overconfidence [J]. Sloan Management Review, 1992 (33): 7-17.

[35] Kyle A S, Wang F. May speculation duopoly with agreement to disagree: Can overconfidence survive the market test? [J]. The Journal of Finance, 1997 (10): 2073-2090.

[36] Lambrecht B, Perraudin W. Real options and preemption under incomplete information [J]. Journal of Economic Dynamics & Control, 2003 (27): 619-643.

[37] Loren W Tauer. When to get in and out of dairy farming: A real option analysis [Z]. Working Paper, 2005.

[38] Luehrman Timothy. What's it worth? A general manager's guide to valuation [J]. Harvard Business Review, 1997 (3): 132-142.

[39] Lukach R, Kort P M. Strategic dynamic R&D investments [R]. UFSIA University of Antwerp, 2002.

[40] Manigart S, et al. Determinants of required return in venture capital investments: A five-country study [J]. Journal of Business Venturing, 2002 (17): 291-312.

[41] Masona C, Harrison T. Is it worth It? The rates of return from informal venture capital investments [J]. Journal of Business Venturing, 2002 (17): 211-236.

[42] Merton R C. Theory of rational option pricing [J]. Bell Journal of Economics and Management Science, 1973, 4 (1): 141-183.

[43] Mike, Ken Wright Robbie. Venture capital and private equity: A review

and synthesis [J]. Journal of Business Finance and Accounting, 1998, 25 (6):
521-521.

[44] Miller L T, Park C S. Decision making under uncertainty-real options to the rescue? [J]. The Engineering Economist, 2002, 47 (2): 105-150.

[45] Moel, Alberto and Peter Tufano. When are real options exercise? An empirical study of mine closings [J]. Review of Financial Studies, 2002 (15): 35-64.

[46] Moore D A, Healy P J. The trouble with overconfidence [J]. Psychological Review, 2008, 115 (2): 502-517.

[47] Moyen N, Slade M, Uppal R. Valuing risk and flexibility-a comparison of methods [J]. Resources Policy, 1996, 22: 63-74.

[48] Myers S C. Theory of rational option pricing [J]. Bell Journal of Economics and Management Science, 1973, 4 (1): 707-727.

[49] Olmos M F, et al. Quality and double sided moral hazard in share contracts [J]. Agricultural Economics Review, 2011, 12 (1): 22-35.

[50] Paxson D A. Introduction to real R&D options [J]. R&D Management, 2001, 31 (2): 109-113.

[51] Pennings E, Lint O. The option value of advanced R&D [J]. European Journal of Operational Research, 1997, 103 (1): 83-94.

[52] Qin Z, Yang J. Analysis of a revenue-sharing contract in supply chain management [J]. International Journal of Logistics: Research and Applications, 2008, 11 (1): 17-29.

[53] Rafaeli S, Ravid G. Information sharing as enabler for the virtual team: An experimental approach to assessing the role of electronic mail in disintermediation [J]. Information Systems Journal, 2003, 13 (2): 191-206.

[54] Reid D. The theory of share tenancy revisited-again [J]. Journal of Political Economy, 1977, 85 (2): 403-407.

[55] Ren Y, F Croson R. Overconfidence in newsvendor orders: An experimental study [J]. Management Science, 2013, 59 (11): 2502-2517.

[56] Repullo, Suarez. Venture capital finance: A security design approach [R]. CEPR Discussion Papers, 2004.

[57] Sahlman W A. The Structure and governance of venture-capital Organizations [J]. Journal of Financial Economics, 1990 (27): 473-521.

[58] Smets F R. Essays on foreign direct investment [D]. Ph. D. thesis, Yale University, USA, 1993.

[59] Spiros H, Martzoukos. Real option games with R&D and learning spillovers [J]. Omega: Management Science and Environmental Issues, 2013, 41 (2): 236-249.

[60] Stephen A Ross. Institutional markets, financial marketing, and financial innovation [J]. Journal of Finance, 1989 (3): 541-556.

[61] Tatsuhiko Nariu, Kaoru Ueda, Dong Joon Lee and Shunsuke Shimizu. Double-sided moral hazard and margin-based royalty [J]. Firms' Strategic Decisions Theoretical and Empirical Findings, 2015: 39-54.

[62] Tian J J, Lau C M. Board composition, Leadership structure and performance in Chinese shareholding companies [J]. Asia Pacific Journal of Management, 2001, 18 (2): 245-263.

[63] Trigeorgis L. A conceptual options framework for capital budgeting [J]. Advances in Futures and Options Research, 1988, 2 (1): 145-167.

[64] Weeds H. Strategic delay in a real options model of R&D competition [J]. Review of Economic Studies, 2002, 69: 729-747.

[65] Xu Ding, Wei Dong Meng, Bo Huang and Feng Ming Tao. Mechanism design for R&D outsourcing with double-sided moral hazard and double-sided adverse selection [J]. Advanced Materials Research, 2011: 1569-1574.

[66] Xue, Jin, Fei and Yiwen. Double-sided moral hazard, information screening and the optimal contract [J]. China Finance Review International, 2016, 6 (4): 404-431.

[67] 包兴. 过度自信行为影响下的应急决策偏差和惩罚援助机制研究 [J]. 管理工程学报, 2017, 31 (3): 37-44.

[68] 曹国华, 潘强. 基于期权博弈理论的技术创新扩散研究 [J]. 科研管理, 2007, 28 (1): 188-191.

[69] 陈菊花, 隋姗姗. 管理者和投资者过度自信及其度量方法研究述评 [J]. 经济纵横, 2011 (1): 121-124.

[70] 陈绍刚, 程艳华. 不完全信息下基于双目标的博弈并购决策研究 [J]. 管理科学, 2012, 25 (6): 35-42.

[71] 陈夙, 吴俊杰. 管理者过度自信、董事会结构与企业投融资风险——基于上市公司的经验证据 [J]. 中国软科学, 2014 (6): 109-116.

[72] 程春雨, 钟田丽. 基于道德风险控制的互助担保价值评估模型 [J]. 预测, 2016, 35 (5): 55-61.

[73] 董静, 汪立, 吴友. 地理距离与风险投资策略选择——兼论市场环境与机构特质的调节作用 [J]. 南开管理评论, 2017, 20 (2): 4-16.

[74] 范柏乃. 我国风险投资退出机制的实证研究 [J]. 上海交通大学学报 (社会科学版), 2002 (3): 88-91.

[75] 范龙振, 唐国兴. 投资机会的价值与投资决策——几何布朗运动模型 [J]. 系统工程学报, 1998, 13 (3): 8-12.

[76] 冯宗宪, 谈毅. 从期权定价理论看企业最优投资规模的确定 [J]. 预测, 1998 (6): 53-55.

[77] 付辉, 黄建康. 风险投资与创业企业合约关系述评: 基于双边道德风险的视角 [J]. 学海, 2017 (2): 168-173.

[78] 傅虹桥, 袁东, 雷晓燕. 健康水平、医疗保险与事前道德风险——

来自新农合的经验证据［J］.经济学（季刊），2017，16（2）：599-620.

［79］苟燕楠，董静.风险投资进入时机对企业技术创新的影响研究［J］.中国软科学，2013（3）：132-140.

［80］关旭，马士华，桂华明.产品单生产周期的多阶段融资和采购决策研究［J］.管理科学，2011（6）：1-8.

［81］郭文新，曾勇.双边道德风险与风险投资的资本结构［J］.管理科学学报，2009，12（3）：119-131.

［82］郝晶晶，朱建军，刘思峰.基于前景理论的多阶段随机多准则决策方法［J］.中国管理科学，2015（1）：73-81.

［83］何小伟，肖宇澄.网络互助平台参与成本与风险匹配研究——逆选择、道德风险与网络互助平台运作的可持续性分析［J］.价格理论与实践，2017（10）：158-161.

［84］黄健柏，谭娜，钟美瑞.基于过度自信的矿产资源开发实物期权决策模型［J］.系统工程，2015，33（6）：57-63.

［85］黄健青，黄晓风，殷国鹏.众筹项目融资成功的影响因素及预测模型研究［J］.中国软科学，2017（7）：91-100.

［86］黄凯.期权定价理论的基本思路、方法及其在企业战略投资领域的应用［J］.中国管理科学，1998（2）：23-28.

［87］黄生权.基于实物期权的矿业投资最佳时机决策模型［J］.系统工程，2006（4）：65-67.

［88］黄志烨，李桂君，汪涛.双边道德风险下中小节能服务企业与银行关系契约模型［J］.中国管理科学，2016，24（8）：10-17.

［89］康永博，王苏生，彭珂.信息披露制度、利益相关者治理与公司风险投资（CVC）信息披露［J］.南开管理评论，2017，20（6）：64-72.

［90］李恩平，赵红瑞，苏文.高新技术企业多阶段风险投资价值评估研究——基于实物期权视角［J］.经济问题，2011（5）：97-99.

[91] 李富国，杨智斌．商业银行：高层经营管理者激励约束机制的动态模型 [J]．当代经济科学，2004（4）：31-35+109.

　　[92] 李潇潇，杨春鹏，高洪伟．基于投资者过度自信的 A-B 股溢价研究 [J]．系统管理学报，2010，19（1）：73-76.

　　[93] 李晓翾，陶茜．再保险对车险业务价值的贡献研究 [J]．保险研究，2016（10）：42-47.

　　[94] 梁伟，王守清．实物期权在城市轨道交通 PPP 项目决策中的应用 [J]．工程管理学报，2012，2：23-27.

　　[95] 廖作鸿．生产阶段矿业投资评估模型建立的实物期权方法 [J]．中国矿业，2007（4）：28-30.

　　[96] 刘新民，温新刚，吴士健．基于过度自信的双边道德风险规避问题 [J]．上海交通大学学报，2010，44（3）：373-377.

　　[97] 卢长利，向方霓．企业集团战略投资决策研究 [J]．技术经济与管理研究，2004（3）：101-102.

　　[98] 罗鹏飞，杨招军，张勇．成熟型企业家的融资策略与道德风险及债务积压问题 [J]．系统工程理论与实践，2017，37（3）：580-588.

　　[99] 聂富强，张建，伍晶．网络嵌入性对风险投资联盟成功退出投资对象的影响：机理与证据 [J]．研究与发展管理，2016，28（5）：12-22.

　　[100] 潘清泉，鲁晓玮．创业企业创新投入、高管过度自信对企业绩效的影响 [J]．科技进步与对策，2017，34（1）：98-103.

　　[101] 浦徐进，诸葛瑞杰．过度自信和公平关切对装备制造业供应链联合研发绩效的影响 [J]．管理工程学报，2017，31（1）：10-15.

　　[102] 钱苹，张帏．我国创业投资的回报率及其影响因素 [J]．经济研究，2007（5）：78-90.

　　[103] 任杰．海外矿产资源项目投资风险评估与实物期权研究 [D]．中国地质大学博士学位论文，2014.

［104］孙淑伟，俞春玲．社会关系网络与风险投资的退出业绩——基于效率与效益视角的双重考察［J］.外国经济与管理，2018，40（1）：107-123.

［105］王垒，刘新民，丁黎黎．委托代理理论在国有企业的拓展：从单边道德风险到三边道德风险［J］.商业研究，2015（12）：18-23.

［106］王铁男，王宇．信息技术投资、CEO过度自信与公司绩效［J］.管理评论，2017，29（1）：70-81.

［107］王艺祥.R&D项目的现实期权定价模型及实证研究［J］.科研管理，2007，2：85-92.

［108］温晓芳．实物期权在半导体产业投资决策中的应用［D］.对外经贸大学博士学位论文，2004.

［109］吴士健，孙向彦，刘新民．过度自信、补偿性契约与生鲜电商三边道德风险规制研究［J］.商业经济与管理，2017（7）：29-36+62.

［110］吴兴海，罗国锋．风险投资模式对创业者努力程度影响研究［J］.华东经济管理，2018，32（2）：139-145.

［111］夏晖．不完全竞争环境下不对称企业技术创新战略投资［J］.管理科学学报，2005，1：30-41.

［112］谢志华．内部控制、公司治理、风险管理：关系与整合［J］.会计研究，2007（10）：37-45+98.

［113］严伟．基于实物期权理论的房地产项目开发时机决策研究［D］.浙江大学硕士学位论文，2015.

［114］颜节礼，王梦竹．信息不对称情况下公益创投的道德风险［J］.企业经济，2017，36（5）：169-175.

［115］阳军．不确定条件下最优投资时机和投资规模决策研究［D］.重庆大学博士学位论文，2010.

［116］杨扬，马元驹，朱小平．管理者过度自信与企业绩效［J］.天津商业大学学报，2011，31（6）：29-35.

[117] 杨宜, 李丽君. 风险投资 IPO 退出对企业创新的影响——基于我国科技型上市企业的实证分析 [J]. 北京联合大学学报 (人文社会科学版), 2017, 15 (4): 68-75.

[118] 尹海员. 竞争条件下两阶段战略投资决策研究——基于实物期权博弈的分析 [J]. 云南财经大学学报, 2011 (3): 60-65.

[119] 詹国彬. 公共服务外包中承包商道德风险的成因及防范策略 [J]. 管理世界, 2016 (5): 178-179.

[120] 张根明, 郑娣. 基于创新资源配置的风险投资退出行为研究 [J]. 商业研究, 2018 (1): 36-45+160.

[121] 张金锁. 媒体资源投资项目价值形成机理研究——基于实物期权 [J]. 北京理工大学学报 (社会科学版), 2013, 6: 20-26.

[122] 张雷, 陈东平. 生产合作声誉与信用合作道德风险控制 [J]. 华南农业大学学报 (社会科学版), 2018, 17 (2): 83-94.

[123] 张米尔, 武春友. 技术入股型产学研合作创新的道德风险分析 [J]. 研究与发展管理, 2001, 13 (2): 29-32.

[124] 张夕勇. 基于序列投资的汽车项目投资决策模型 [J]. 管理科学学报, 2008, 4: 52-58.

[125] 赵敏, 李湛, 王荣. 基于道德风险的科技创业企业多阶段投资博弈决策模型 [J]. 上海交通大学学报, 2006 (4): 689-692.

[126] 郑海超, 黄宇梦, 王涛, 陈冬宇. 创业企业股权众筹融资绩效的影响因素研究 [J]. 中国软科学, 2015 (1): 130-138.

[127] 朱秀丽, 邱菀华. 基于实物期权的铁路地下化项目 PPP 模式投资决策分析 [J]. 系统工程, 2011, 3: 117-120.